Margery (Gred)

Un conte du vieux Nuremberg (Volume 7)

Georg Ebers

(Traducteur : Clara Bell)

Writat

Cette édition parue en 2024

ISBN : 9789359940311

Publié par
Writat
email : info@writat.com

Contenu

CHAPITRE X.

"Le vieux hibou ! Je vais lui donner un peu pour qu'il se souvienne de moi jusqu'à ce que quelqu'un d' autre puisse dire " Fini " ! " C'est ce que grondait mon oncle Christian un peu plus tard, près des écuries, où Matthieu mettait la bride à mon cheval bai, pendant que les autres domestiques sellaient les chevaux de ces messieurs. J'avais volé ici, sachant très bien que les vieux n'auraient pas permis que je parte à la poursuite d'Ann, et mon bon parrain ne cessait même maintenant de insulter, dans ses craintes pour sa chérie. " De quoi avons-nous parlé d'autre hier, maître sangsue et moi, pendant tout le chemin que nous avons parcouru avec la servante égarée, sinon des mauvaises actions commises ces dernières semaines sur les grands chemins et ici même dans ce bois ? Avec la sienne. oreilles, elle nous entendit dire que le connétable de la ville nous avait demandé de prendre sept hommes à cheval comme cavaliers, parce que, avant-hier, tout le train des chariots des Borchtel et des Schnod avait été rattrapé, et que le convoi aurait certainement été rattrapé. battus s'ils n'avaient pas eu l'aide, par hasard, de la communauté marchant avec les Maurer et les Derrer . — Et il faisait nuit noire, les hiboux voltigeaient, les renards aboyaient ; c'était à faire couler le sang même d'un vieux soldat balafré. " C'est un péché et une honte de voir comment les coquins exercent leur métier, même sous les murs de la ville ! Ils ont coupé les oreilles d'un gradin, et quand j'ai souhaité ce jeune Eber de Wichsenstein , et toute la déroute qui s'ensuit S'il pouvait venir à la potence, Ann s'enhardit à plaider pour eux, parce qu'il avait seulement envie de faire subir aux Nurembergois la mort cruelle qu'ils ont infligée à son père, le célèbre voleur. Comme si elle ne savait pas très bien que, depuis qu'Eppelein de Gailingen a été jeté en prison, notre pays n'a jamais été autant un repaire de meurtres et de vols qu'aujourd'hui. S'il y a moins de poussière sur les routes, dit le gardien, c'est parce qu'elle est emportée par le sang. Et malgré tout cela, la folle court droit dans les bras du Diable, avec ce vieil imbécile. »

Puis, quand j'entrai dans l'écurie pour monter à cheval, l'oncle Conrad se tourna contre Kubbeling avec une colère orageuse parce qu'il avait laissé Uhlwurm conduire Ann dans un tel péril ; Cependant le Brunswickois savait se défendre, et déclara enfin qu'il aurait plutôt pu regarder un faucon se faire pousser une queue de lion au lieu de plumes, plutôt que cette vieille montre de la mort faire cause commune avec une jeune fille. « Il était venu, dit- il, pour conseiller à leurs Excellences de monter à cheval. Mais la question de mon oncle, à savoir si lui, Kubbeling , croyait qu'ils étaient venus aux écuries pour entendre la messe, mit fin à son discours ; les messiers appelèrent les domestiques à faire de la vitesse, et j'étais déjà en selle. Puis, après avoir ordonné à Endres d'ouvrir la grande porte, je baissai la tête, sortis à cheval par la porte de l'écurie et souhaitai chaleureusement à la compagnie un bonjour. A cela ils répondirent, tandis que l'oncle Conrad me demandait si j'avais oublié ses conseils et où j'avais l'intention d'aller ; sur quoi je répondis précipitamment : « Sous votre direction sûre, c'est-à-dire la vôtre, suivez Ann.

Mon oncle fendit sa botte avec son fouet et me demanda avec colère si j'avais pensé que du sang pourrait éventuellement couler, et il finit par me conseiller gentiment : « Alors reste à la maison, petite Margery !

"Je suis toujours aussi obéissant", fut ma réponse immédiate, "mais si je suis maintenant bien en selle, je resterai en selle."

A cela, le vieillard ne savait s'il devait prendre une plaisanterie pour une plaisanterie, ou me donner un ordre sévère ; et tandis que lui et les autres se mettaient à leurs étriers, il dit : « Fini la folie quand les choses sont si sérieuses, enfant fou ! Nous avons assez à faire pour penser à Ann, et plus qu'assez ! Alors descends de cheval, Margery, avec tout vitesse."

"Tout cela à temps", dis-je alors, "je descendrai de cheval à l'instant où nous aurons trouvé Ann. D'ici là, le géant Goliath ne me fera pas bouger de la selle!"

Là-dessus, le vieil homme perdit patience, il s'installa sur son grand cheval brun et cria d'un ton courroucé et autoritaire : « Ne m'irrite pas, Margery. Fais ce que je désire et descends de cheval.

Mais à ce moment-là, il aurait pu plus facilement me faire sauter dans le feu plutôt que de laisser Ann dans l'erreur ; J'ai levé la bride et le fouet, et tandis que le bai se mettait au galop, l'oncle Conrad s'écria une fois de plus, avec plus de colère qu'auparavant : « Faites ce que je vous dis ! et j'ai répondu joyeusement : "Je le ferai si vous venez me chercher !" Et mon cheval m'emporta par la porte ouverte.

Ces messieurs me déchiraient, et si je l'avais tant désiré, ils ne m'auraient jamais attrapé jusqu'au jour du jugement, car mon palefroi hongrois, que mon Hans m'avait apporté des écuries du comte de Cilly , père de la reine, Barbara, était bien plus rapide que leurs lourds coursiers au nez crochu ; cependant, comme je ne demandais pas mieux que de chercher Ann en toute paix avec eux, et comme mon oncle était un homme doux et sage, qui ne prenait pas au sérieux la plaisanterie qu'il ne pouvait pas gâcher maintenant, je les laissai gagner sur moi et nous J'ai conclu un marché selon lequel tout devait être oublié et pardonné, mais que je m'étais engagé à tourner la baie et à faire de mon mieux pour rentrer chez moi au premier signe de danger. Et si ces messieurs étaient venus aux écuries d'humeur sombre et très effrayés, la poursuite effrénée après moi avait retrouvé leur bonne humeur ; et, même si mon cœur battait assez tristement, je faisais de mon mieux pour garder bon courage, et en vérité la vue de Kubbeling y contribuait. Il devait nous montrer le chemin jusqu'à l'endroit où il avait trouvé Eppelem , et il était maintenant accroupi sur un très gros cheval noir, d'où ses petites jambes, avec leur étrange engrenage en peaux de chat, dépassaient d'une façon merveilleuse à voir. Après que nous eûmes ainsi avancé à un rythme régulier pendant un petit espace, ma confiance commença à décliner une fois de plus ; même si Ann et son compagnon avaient été quelque peu retardés par leurs recherches, nous aurions quand même dû les rencontrer à ce moment-là, s'ils étaient allés sur place sans tarder et s'ils étaient partis pour revenir sans encombre. Et quand, bientôt, nous arrivâmes à un terrain découvert d'où nous pouvions apercevoir une longue partie du chemin forestier, et que nous ne vîmes pourtant rien d'autre qu'un petit chariot de charbonnier, il me sembla qu'une main froide s'était posée sur mon cœur. Encore et encore , j'observais la distance, tandis que toute une armée de pensées et de terreurs secouait mon âme. Je les imaginais au pouvoir du vengeur Eber von Wichsenstein et de ses féroces compagnons voleurs ; il me semblait que le cupide Bremberger les avait entraînés dans la poterne de son château pour exiger une grosse rançon – et ce n'était pas non plus la pire chose qui pouvait arriver. Si Abersfeld, le flibustier le plus fou de tous les nobles pilleurs de loin ou de près, s'emparait d'elle ? Mon sang s'est glacé lorsque j'ai conçu cette opportunité. Ann était si juste ; quel seigneur qui pourrait l'enlever ne pourrait-elle pas enflammer ? Et puis je me suis souvenu de ce que j'avais lu sur la Lucrèce romaine, et si j'avais été possédé d'un quelconque art magique, j'aurais d'ailleurs donné au premier corbeau un cerceau pointu pour qu'il le lui porte.

Dans l'angoisse de mon âme, tandis que je tenais ensemble ma bride et mon fouet dans ma main gauche, de la droite je portais à mes lèvres la croix d'or sur ma poitrine et dans une prière silencieuse et sincère, j'implorais la Sainte Vierge et ma chère mère de C'est le paradis de l'avoir à sa disposition.

Et ainsi nous avons roulé encore et encore jusqu'à ce que nous arrivions aux piscines près de Pillenreuth . A côté du plus grand d'entre eux, connu sous le nom d'étang du Roi, se trouvait un panneau indicateur, et non loin de là se trouvait l'endroit où ils avaient trouvé Eppelein , dépouillé et pillé ; et en vérité, c'était l'endroit même des bandits et des flibustiers, situé dans le bois et à l'écart de la route ; mais s'ils devaient prendre la fuite, ils pourraient le retrouver près de Reichelstorf . Il n'y avait pas non plus de château ni de forteresse à proximité ; le grand bâtiment avec murs et douves qui se dressait du côté sud de l'étang du roi n'était que le paisible cloître des sœurs Augustines de Pillenreuth . Tout autour de l'eau s'étendaient des marais envahis par des buissons sans feuilles, des joncs, des herbes hautes et des roseaux. C'était vraiment un endroit lugubre et de mauvais augure.

La zone marécageuse à travers laquelle s'étendait notre chemin était blanche de givre frais, et le fourré au sud était un repaire de corbeaux comme je n'en ai jamais revu depuis ; les oiseaux noirs volaient autour et autour d'elle en nuages sombres avec de grands cris, comme si au milieu se trouvaient un charnier et une potence , et des broussailles également, au bord de l'étang, sortaient d'autres cris d'oiseaux, tous aussi pleins de plaintes que si ils déploraient les chagrins du monde entier.

Ici, nous avons laissé nos chevaux, et nous avons appelé et crié ; mais personne ne répondit, sauf les crapauds et les corbeaux. "C'est ici, c'est sûr", dit le jeune Kubbeling , et Grubner , le chef forestier, se leva pour l'aider à descendre de sa grande jument. Les messieurs descendirent également de cheval et allaient suivre le Trunswicker à travers le pré jusqu'à l'endroit où Eppelein avait été trouvé ; mais il ne le leur ordonna pas, car ils gâcheraient la piste qu'il désirait découvrir.

Ils restèrent alors immobiles et le regardèrent, comme moi aussi ; et mes craintes se sont accrues jusqu'à ce que je croie vraiment que les corbeaux étaient en effet des oiseaux de mauvais augure, lorsque j'ai vu un grand essaim noir de ces corbeaux coasser autour de Kubbeling . Lui, pendant ce temps, se baissait, cherchant des traces sur l'herbe gelée, et son corps court et trapu semblait pour tout le monde l'un de ces diablotins, ou lutins, qui habitent parmi les racines des arbres et dans les trous des rochers. . Il se faufilait avec précaution et sans un mot, fouinant tout en marchant, et je vis bientôt qu'il secouait sa grosse tête comme s'il était dans le doute, non, ou dans le chagrin. Je frémis de nouveau, et il me sembla que les nuages gris dans le ciel devenaient plus noirs, tandis que des formes aériennes, d'une pâleur mortelle, flottaient à travers la brume au-dessus des étangs, en longs suaires ondulants. Les épaisses têtes noires des joncs se dressaient immobiles comme des pierres tombales, et les touffes grises et soyeuses de l'herbe des tourbières, flottant dans le souffle froid d'un matin de novembre, étaient comme des mains fantomatiques, me menaçant ou me mettant en garde.

Bientôt, je devais oublier les corbeaux, les brouillards, les roseaux et toutes les peurs insensées qui m'habitaient, en raison d'une terreur réelle et bien fondée ; Kubbeling secoua de nouveau la tête, puis je l'entendis appeler mon oncle Conrad et Grubner , le chef forestier, pour qu'ils s'approchent de lui, mais qu'ils avancent prudemment. Ensuite, ils se sont tenus à ses côtés, et ils se sont également baissés, puis mon oncle a joint ses mains et il a crié avec horreur : « Ciel miséricordieux !

En deux minutes , j'avais couru sur la pointe des pieds à travers l'herbe humide et gelée pour les rejoindre, et là, bien sûr, je pouvais voir très clairement la marque d'une chaussure délicate de femme. La semelle et le talon étaient clairement visibles, et, tout près, l'empreinte de chaussures larges et larges d'homme, à talons ferrés, qui indiquait à Kubbeling que c'étaient celles des grandes bottes d'Uhlwurm . Cependant, bien que nous n'ayons pas rencontré ceux que nous cherchions, la forêt était pleine de chemins détournés par lesquels ils auraient pu nous croiser en route ; mais près des empreintes de la servante et du vieillard, il y en avait trois autres. Le vieux bûcheron ne pouvait que trop bien les discerner ; elles avaient toutes été confectionnées dans le givre par des bottes d'homme. Deux, il était certain, avaient été laissés par des semelles finement taillées, comme en fabriquent les cordonniers habiles des villes ; et l'on laissait une trace qui ne pouvait être que celle d'un éperon ; tandis que la troisième était si plate et si large qu'elle était à coup sûr celle d'un soulier de paysan ou d'un charbonnier.

Il y avait une tache verte dans le gel qui ne pouvait s'expliquer que par quelqu'un qui était resté longtemps allongé sur la terre, et l'arrière de sa tête, là où il était tombé, avait laissé dans l'herbe une empreinte aussi grande qu'un le poing de l'homme. C'était une preuve évidente qu'Ann et son compagnon avaient, à cet endroit précis, été assaillis par trois voleurs, dont deux chevaliers et un de bas grade, qu'Uhlwurm s'était battu durement et avait vaincu l'un d'eux ou avait eu le pire. , et avait été jeté sur l'herbe.

Hélas! il ne pouvait y avoir aucun doute, tandis que Kubbeling trouva une empreinte de pas d'Ann sur laquelle se trouvait la marque de l'éperon, montrant clairement qu'elle était venue là avant ces hommes. Et sur la route nous trouvâmes de nouvelles traces de chevaux et d'hommes ; il était donc hors de doute que des fripons s'étaient jetés sur Ann et Uhlwurm et les avaient enlevés sans effusion de sang, car aucune trace de ce genre n'était visible nulle part sur l'hydromel.

Pendant ce temps, le forestier avait suivi la piste avec les limiers, partant de l'endroit où l'homme s'était étendu sur l'herbe, et à peine étaient-ils perdus de vue parmi les broussailles qu'ils tiraient la langue à haute voix, et Grubner nous criait de venir à lui. Derrière un grand aulne, qui n'avait pas encore perdu ses feuilles, se trouvait un appentis en bois sur pilotis, construit là par le pêcheur du couvent, pour sécher ses filets ; et sous cet abri gisait un vieil homme en costume de serviteur, qui avait sans doute perdu la vie dans la lutte contre Uhlwurm . Mais Kubbeling ne tarda pas à s'agenouiller à ses côtés, et tandis qu'il constatait que son cœur battait encore, il découvrit aussitôt de quoi souffrait cet homme. Il dormait après avoir été ivre et, de plus, le pot vide gisait à ses côtés. De même, à proximité se trouvait une brouette pleine de jarres à vin de ce genre, et nous respirions plus librement, car si le coquin ivre n'était pas lui-même un des bandits de la route , ils auraient dû le trouver là et s'emparer de la bonne liqueur.

Or, pendant que Kubbeling allait chercher de l'eau à la piscine, l'oncle Christian essayait la qualité des jarres du tumulus, et la première qu'il ouvrait était une belle Malvoisie. Si cela allait au couvent ou non, l'idiot ivre devrait le dire, et un jet d'eau froide de novembre le ramena bientôt à ses esprits. Il y eut alors beaucoup de gaieté, tandis que le coquin se réveillait ainsi brusquement de son sommeil, laissait couler l'eau sur lui avec un sourd étonnement et nous regardait bouche bée ; et il lui fallut un peu de patience jusqu'à ce qu'il pût nous parler de nombreuses choses que nous entendîmes ensuite plus longuement et plus en détail.

Il était serviteur de maître Rummel de Nuremberg, envoyé de Lichtenau pour porter cette bonne liqueur aux religieuses de Pillenreuth ; le bourg de Lichtenau se trouve au-delà de Schwabach et appartenait autrefois au chevalier de Heideck , qui l'avait vendu à cette ville, dont les Rummels , qui étaient une famille ancienne et honorée, l'avaient acheté, avec le château.

Alors qu'hier le chevalier de Heideck , l'ancien propriétaire du château, un noble aux honneurs indéfectibles, était assis à dîner avec maître Rummel dans la forteresse de Lichtenau , un cavalier de Pillenreuth était venu avec une demande d'aide de l'abbesse. contre certains voleurs qui avaient emporté du bétail appartenant au couvent. Sur ce, les messieurs se préparèrent à aller secourir les sœurs et, avec une sage prévoyance, ils envoyèrent une brouette pleine de bon vin à Pillenreuth pour les y attendre, car il n'y avait pas de bonne liqueur chez les pieuses sœurs. Lorsque ces messieurs étaient arrivés ce matin même à l'endroit où les bandits étaient tombés sur Eppelein , ils avaient rencontré Ann, qu'ils connaissaient, au pavillon forestier, où elle était en train de chercher la lettre de Herdegen , et ils , dans leurs bottes à éperons, l'avaient aidée. Finalement , ils l'avaient suppliée de les accompagner au couvent, car les hommes d'armes de Lichtenau étaient sortis hier soir à la rencontre des voleurs, et à ce moment-là, par hasard, ils les avaient attrapés et avaient trouvé la lettre sur eux. Ann avait consenti à suivre cette gracieuse offre, si seulement elle pouvait donner des nouvelles de l'endroit où elle se trouverait à ceux de ses amis qui viendraient certainement à sa recherche. Alors maître Rummel avait ordonné au serviteur qui était venu avec la brouette de rester ici et de nous inviter également au couvent ; Mais l'homme, qui s'était déjà libéré du contenu des jarres, avait de nouveau essayé la liqueur. Et d'abord il était tombé sur l'herbe gelée, puis il s'était couché sous la cabane du pêcheur.

Rarement en effet une jeune fille est allée au cloître avec un cœur plus léger que moi, après avoir entendu ces nouvelles, et même s'il y avait encore des raisons de craindre et de douter, je pouvais être aussi vraiment joyeux que les autres, et ou jamais je me suis jeté dans de nouveau sur ma selle, j'ai eu maintes baisers de lèvres barbues comme sauf-conduit vers les sœurs . Mon bon parrain, dans la joie débordante de son cœur, se précipita sur moi pour m'embrasser sur les deux joues et sur le front, et je l'avais volontiers supporté et souri ensuite en m'apercevant qu'il ne laisserait pas l'homme du tumulus tarder plus longtemps.

Au couvent, c'était une nouvelle réjouissance. La brume nous avait cachés à leur vue, et nous les trouvâmes tous au petit déjeuner : les messieurs et Ann, la dame abbesse et une novice qui était la plus jeune fille de l'oncle Endres Tucher de Nuremberg, et ma chère cousine, connue également de Anne. Même si le couvent était fermé à tous les autres hommes, il était toujours ouvert à son seigneur protecteur. Ce fut alors une rencontre très heureuse et une salutation joyeuse, et à la vue d'Ann pour la deuxième fois de la journée, bien qu'elle soit encore jeune, les larmes vives roulèrent sur le menton rond et double de l'oncle Christian.

Or, partout où un citoyen aisé de Nuremberg se repose avec des provisions et des boissons, si d'autres le rejoignent , ils doivent également s'asseoir et manger avec lui, même si c'était en enfer même. Mais le couvent de Pillenreuth était un refuge très confortable, et milady l'abbesse une femme de haut rang et aux manières fines et hospitalières ; et la table fut allongée en un clin d'œil, et recouverte de nappes et d'assiettes blanches et de tout ce qui convenait. Aucun n'a manqué d'appétit et de soif après la balade dans l'air vif du matin, et comme mon âme était heureuse de retrouver mon Ann saine et sauve.

Nous étions à table lorsque nos chevaux furent attachés dans les écuries, et dès la première minute il y eut un échange de conversations joyeux et animé. Pour ma part, je me suis immédiatement brouillé avec le chevalier von Heideck , dans la mesure où il voulait s'asseoir entre Ann et moi, et il voulait qu'un vaillant chevalier soit toujours un voisin plus bienvenu pour une demoiselle que sa plus chère amie. Et les acclamations bruyantes et les réjouissances furent bientôt trop fortes pour moi ; et je me serais volontiers retiré avec Ann dans un endroit isolé, pour penser à notre bien-aimé.

Enfin nous fûmes libérés ; Jorg Starch, le capitaine des cavaliers de Lichtenau , un soldat grand et mince, avec des yeux perspicaces, un petit nez de coq retroussé et une barbe épaisse et fournie, entra et, levant la main sur son casque, dit aussi brusquement que bien qu'il coupait chaque mot avec ses dents blanches : « Attrapé ; piégé ; toute la canaille !

En quelques minutes, nous étions tous debout sur le rempart entre les piscines et le couvent, et il y avait les misérables fripons que Jorg Starch et ses hommes d'armes avaient encerclés et emmenés pendant qu'ils faisaient bonne chère en dégustant leur bouillon du matin et chair détrempée. Ils avaient déclaré qu'ils étaient de la communauté de Wichsenstein , mais qu'ils avaient abandonné Eber à cause de son règne trop dur et qu'ils s'étaient livrés au vol pour leur propre compte. Toutefois, Starch était d'avis qu'il en était autrement. Lorsqu'il fut envoyé à leur recherche , il n'avait pas encore connaissance de l'attaque d' Eppelein ; maintenant, dès qu'il apprit qu'ils l'avaient dépouillé de ses vêtements, il les ordonna de se mettre en rang et de les examiner chacun ; en vérité, c'était un équipage pitoyable, et s'ils n'avaient pas si véritablement mérité notre compassion, leurs haillons auraient dû nous faire rire. L'un d'eux avait confectionné son manteau avec un jupon rouge de femme, le mettait par-dessus sa tête et y faisait des fentes pour les emmanchures, et un autre grand homme portait une robe brune de moine et sur sa tête un turban de fourrure de bonne épouse attaché avec un turban de bébé. bande d'emmaillotage. Les questions de Jorg Starch sur l'endroit où se trouvaient les vêtements d'Eppelein firent que l'un d'eux pointa bientôt son justaucorps décent et entier, un autre son sous-coat, et le plus grand de tous son chapeau avec une plume de coq, qui était sans égal avec ses haillons. herbe. Starch cherchait la lettre dans chaque morceau, et pendant ce temps Uhlwurm courbait son long corps et tâtonnait le sol de telle manière qu'on aurait pu croire qu'il cherchait le trèfle à quatre feuilles ; et tout à coup il mit la main sur les chaussures d'un garçon maigre et petit, aux joues creuses et à la barbe économe sur le menton pointu, qui jusqu'alors avait regardé autour de lui le plus hardi de tous ; il tâta le dessus des souliers et, le regardant en face, lui demanda d'une voix menaçante : « Où sont les dessus ?

"Les sommets ?" » dit l'homme d'un ton effrayé. "Je porte des chaussures, Maître, et les chaussures ne sont que des bottes sans dessus ; et les miennes ... "

"Et le vôtre!" dit Uhlwurm avec mépris. "Les rats ont confectionné des chaussures avec vos bottes et ont mangé le dessus, à moins que ce ne soient les souris ? Écoutez, Capitaine, si cela vous plaît……"

Starch fit ce qu'il voulait, et après avoir fait retirer au maigre fripon sa chaussure gauche , il la regarda de tous côtés, caressa sa barbe à rebours et dit solennellement : « Bien dit, Maître, c'est matière à réflexion ! cela donne un nouveau visage à l'affaire." Et il criait aussi au coquin : « Où sont les cimes ? L'homme eut eu le temps de se ressaisir et répondit hardiment : « Je ne suis qu'un pauvre ver faible, monseigneur capitaine ; ils étaient très lourds pour moi, alors je les ai coupés et je les ai jetés dans la mare, où maintenant les carpes on s'en nourrit." Et il jeta un regard autour de ses camarades, comme pour lire sur leurs visages les éloges de son esprit vif. Mais ils avaient très peur de payer celui qu'il cherchait ; non, et son esprit audacieux fut réprimé lorsque Starch le prit à la gorge et lui demanda : « Voyez-vous cette branche là, mon garçon ? Si un autre mensonge passe vos lèvres, je la chargerai d'une poire plus longue et plus lourde que jamais. Sebald , apporte les cordes. — Maintenant, ma beauté, réponds-moi trois choses : Le messager portait-il des bottes ? Comment se fait-il que toi , qui es l'un des moindres de la bande, tu portes de bonnes chaussures ? Et encore : Où sont les hauts ?"

Alors le petit homme avait envie, en gémissant tristement, qu'on lui pose une question à la fois, dans la mesure où il sentait comme un essaim de bourdons dans son cerveau, et quand Starch faisait sa volonté, il regardait les autres comme si pour dire : « Vous n'avez pas rendu justice à mon esprit vif », puis il a dit qu'en vérité il avait retiré les bottes des pieds du messager et qu'il lui avait été accordé de les garder, parce qu'elles étaient trop petites pour les autres, tandis qu'il était doté d'un pied petit et délicat. Et il jeta un regard sur nous, les dames qu'il avait depuis longtemps un oeil, une sorte de regard craintif, et reprit : « Les toupies, ils ... » et encore il resta ferme. Cependant, tandis que Starch montrait une fois de plus le poirier, il avoua avec une terreur désespérée qu'un autre homme avait réclamé les cimes, un homme qui n'avait pas été attrapé, tant elles étaient si hautes et si bonnes. Là-dessus Starch rit si fort et frappa dans sa main avec un tel claquement que nous, les jeunes filles, nous fîmes sursauter, et il s'écria : « C'est ça, c'est comme ça ! un sanglier. C'est une sorte de calembour d'insulte] - Wichsenstein était lui-même votre chef hier, et ce n'est que par un malheur diabolique que le fripon n'était pas avec vous quand je vous ai pris ! Vous, les voyous en haillons, n'auriez jamais abandonné le dans ce marais et dans cette lande, à quiconque n'est pas un maître légitime, et je sais où se cache la truie, car le meurtrier d'un messager ne doit plus être appelé sanglier. Eh bien, Sebald ! Dans quel hameau par ici habite là un cordonnier?"

"Il y a Peter le tordu à Neufess et Hackspann à Reichelstorf ", fut la réponse.

"Bien, c'est ce que nous avions besoin de savoir", a déclaré Starch. "Et maintenant, mon petit," et il secoua l'homme à nouveau, "Finissons-en. La truie, ou, pour ne pas s'y tromper, est-ce qu'Eber de Wichsenstein est parti à Neufess ou à Reichelstorf ? Qui devait coudre le dessus de ses chaussures, Peter ou Hackspann ?"

La créature terrifiée joignit ses mains fines avec un pur étonnement et s'écria : « Y a-t-il jamais eu une sagesse aussi abondante née dans le pays depuis l'époque du chaste Joseph, qui interprétait les rêves de Pharaon ? L'homme qui vous surprendra endormi, mon seigneur capitaine, doit Levez-vous plus tôt que les misérables traqués que nous sommes. Il est allé à Neufess , bien que Hackspann soit le meilleur cordonnier. Reichelstorf se trouve près de la route par laquelle vous êtes venu, mon seigneur; et si Eber entend seulement l'écho de votre juste et glorieux nom , monseigneur Baron et puissant capitaine . . . . "

"Et quel est mon nom ? Votre seigneur Baron et puissant Capitaine ?" L'amidon a tonné.

"Le vôtre?" dit le petit homme sans vergogne. "Le vôtre ? Ciel miséricordieux ! Jusqu'à cette minute, je jure que j'aurais pu vous le dire ; mais dans une telle situation, un pauvre petit tailleur comme moi pourrait oublier le nom honoré de son propre père !" A ces mots, Starch éclata de rire et frappa le petit coquin en toute bonté derrière les oreilles, et lorsque ses hommes d'armes, qu'il avait ordonné de préparer, furent montés à cheval, il cria à Uhlwurm : « Je peux laisser le reste. à vous, maître ; vous savez où Barthel donne l' alcool ! - Maintenant, Sebald , liez cette canaille et gardez-la en sécurité. - Et préparez une porcherie . Si je ne parviens pas à ramener le sanglier à la maison cette nuit même, puissé-je être j'ai appelé Dick Dule jusqu'à la fin de mes jours au lieu de Jorg Starch !"

Et là-dessus, il fit son arc, sauta sur sa selle et partit avec ses hommes.

"Un garçon agile, selon le cœur de Dieu !" » dit Maître Rummel à mon oncle Conrad pendant qu'ils s'occupaient de lui. Et qu'il était en vérité; bien que nous aurions à peine pu le chercher, nous avons appris le lendemain qu'il pouvait porter sa réputation jusqu'à la tombe, dans la mesure où il avait emmené captif Eber de Wichsenstein dans l'atelier du cordonnier et l'avait transporté à Pillenreuth , d'où il venait. à Nuremberg, et là à la potence.

Starch avait laissé un homme digne pour occuper sa place ; A peine était-il parti que le vieux Uhlwurm ôta la chaussure droite du tailleur, et maintenant il était clair pourquoi Eppelein lui avait montré si anxieusement ses pieds ; la lettre qui lui avait été confiée était en effet cachée dans sa botte. Sous la doublure en cuir de la semelle, elle se trouvait, mais une seule d' Akusch m'était adressée. Cependant, lorsque nous avons menacé de torture cruelle le valet désormais pieds nus, il a avoué que, ayant été jusqu'à récemment un honnête tailleur, il avait les pieds doux parce qu'il s'était toujours assis sur son aiguille. Et quand il enfila les chaussures volées, il se blessa un peu la semelle, et quand il fouilla sous le cuir, voici une grande lettre étroitement pliée et scellée. C'était la cause et la raison de son malaise, et il l'avait ouvert, étant d'un esprit curieux, et, comme il était fils d'instituteur, il savait lire avec les meilleurs. Cependant, à ce moment-là, la bande s'apprêtait à allumer un feu pour faire leur souper, et comme il ne brûlait pas à cause de l'humidité, ils avaient pris le papier sec et s'en étaient servi pour allumer la faible flamme.

n'y avait donc plus qu'à espérer que le tailleur se souvienne par hasard de certaines parties de la lettre ; et en vérité, il a pu nous dire que c'était écrit à une jeune fille nommée Ann, et qu'il y avait de telles paroles d'amour véritable dans de grandes difficultés et des adieux amers qu'il l'a ému jusqu'aux larmes, parce qu'il avait également eu autrefois un l'amour vrai.

Pendant qu'il parlait ainsi, il s'aperçut qu'Ann était la jeune fille à qui la lettre avait été écrite, et il déversa aussitôt un grand flot de vœux d'amour enflammés, tels qu'il avait pu les apprendre de son Amadis , mais jamais, bien qu'il le dise, de cette lettre.

Il y a au moins une chose qu'il pouvait nous faire savoir dans la lettre de Herdegen : et c'est que l'auteur a beaucoup parlé de l'esclavage et d'une grande rançon, ainsi que d'une femme maligne qui était son ennemie, et de son mari, dont les ruses ne pouvaient en aucun cas être réduites à néant si ce n'était par une ruse rusée et prudente. Il pouvait en effet répéter cela presque mot pour mot, parce qu'il avait conçu le plan de pousser Eber à partir pour le pays d'Égypte avec sa bande de voleurs et à délivrer cet esclave innocent des mains des mécréants. païen. Même s'il s'était fait voleur de grands chemins, ce n'était que pour cette raison qu'on lui avait dit que von Wichsenstein n'avait d'autre but que de restituer aux pauvres ce dont les riches les avaient volés et de libérer les opprimés du pouvoir de la justice. le puissant. Tout cela ne lui avait permis de se reposer sur l'établi de son tailleur qu'après avoir posé l'aiguille et saisi le grand tournebroche du cuisinier. Bientôt, il avait découvert que, tel maître tel homme, chacun ne se souciait que de lui-même. Lui-même avait été contraint de commettre de nombreux actes cruels et fourbes, cruellement contre sa volonté et tout ce qu'il y avait de bon en lui. De sa pieuse et douce mère, il était né d'une âme douce et inoffensive, de sorte qu'en hiver il répandait du sucre pour les mouches qui mouraient de faim, et il lui était même arrivé d'enfoncer son aiguille dans un trou couleur chair. vêtement par simple peur de le blesser. Quand les autres avaient laissé le messager tout nu sur la route, il était reparti seul et avait pansé la blessure à la tête avec son propre foulard, et, plus en signe qu'il disait la vérité, le foulard portait son prénom dans le message. coin, " Pignot ", que sa bonne mère, Dieu lui accorde, y avait cousu. Il n'était qu'un pauvre orphelin, et si…. Ici, sa voix lui manquait pour les sanglots. Mais bientôt il retrouva sa bonne humeur ; car Ann avait en effet marqué la lettre P sur le tissu autour de la tête d'Eppelein , et le pauvre homme ne disait rien d'autre que ce qu'il avait déclaré. Alors nous avons osé parler pour lui, et c'est à son acte de miséricorde et aux lettres mises dans son foulard par cette pieuse mère qu'il le devait. Il devint ensuite un honnête et digne maître tailleur à Velden, et au lieu de prendre la défense de ses semblables opprimés, il souffrit avec beaucoup d'humilité un traitement sévère de la part de la grande femme qu'il avait choisi d'épouser, bien qu'il était un si petit homme.

CHAPITRE XI.

d'Herdegen fut brûlée par le feu, et la lettre d' Akusch était pour moi et ne contenait guère que des remerciements et des assurances de fidélité dus à moi, sa « maîtresse bien-aimée », avec des salutations à la cousine Maud, qui l'avait toujours gardé avec de justes reproches dans le de la bonne manière, et à tous les membres de la maison. Le Pastscyiptum ne contenait que des nouvelles de grande importance ; et c'était le suivant :

" De plus, je vous déclare et jure, ma gracieuse dame, que mes parents prendront aussi bien soin de mon seigneur Kunz que s'il était chez lui à Nuremberg. Ses blessures sont graves, mais par des soins fidèles, et par la grâce et l'aide de Dieu le Tout Miséricordieux, ils seront guéris. Il ne manque de rien. Dans la question de la rançon de monseigneur Herdegen , il y a de nombreux obstacles.

« Si Dieu le Tout Miséricordieux avait accordé à mon cher père de conserver son domaine élevé quelques semaines de plus, cela lui aurait été peu de chose de libérer un esclave ; mais maintenant il est jeté dans un cachot par la mauvaise méchanceté de ses ennemis. Oh ! que le Dieu très sage permette à des hommes aussi malins de vivre comme ses ennemis et comme cette femme sans vergogne que vous connaissez depuis longtemps sous le nom d'Ursula Tetzel ! Mais vous aurez appris par la lettre de monseigneur Herdegen tout ce que je Je pourrais le dire, et vous comprendrez que votre humble serviteur implorera chaque jour le Dieu Très-Haut de vous faire prospérer et de vous faire envoyer ici quelque capitaine sage et puissant afin que nous soyons délivrés, dans la mesure où la ruse et la fureur de nos les ennemis ne sont rien de moins que leur puissance. Ce sont des lions et également des serpents venimeux.

Ces lignes étaient signées du nom d' Akusch , et des mots, Ibn Tagri Verdi al-Mahmudi, c'est-à-dire : Akusch , Fils de Tagri Verdi al-Mahmudi.

Nous étions chez nous au Forest-lodge ou le soleil se couchait ; là nous avons trouvé tante Jacoba plus calme que nous ne l'avions espéré, dans la mesure où non seulement son mari lui avait fait part de brèves nouvelles de nous, mais qu'en outre elle avait entendu plus exactement tout ce qui nous avait retenus à l'écart. Kubbeling , bien que la dame abbesse l'ait convié à sa table, s'était secrètement enfui pour envoyer un messager à la dame en deuil, tandis que la pensée d'elle ne lui donnait aucune paix parmi les convives. Eppelein n'était ni meilleur ni pire. Mais, à sa place, maître Windecke , le conseiller impérial , qui était instruit dans les affaires commerciales du monde entier et qui, en notre absence, avait entièrement conquis le cœur des autres femmes et surtout de la cousine Maud par sa bonne discours, a pu interpréter quelque chose qui nous avait paru obscur dans la lettre d'Akusch . Quand je le lui ai montré, il s'est levé avec étonnement et a déclaré que le père de mon écuyer, Tagri Verdi al-Mahmudi, avait été l'un des capitaines les plus célèbres de l'armée qui avait porté le grand coup à Chypre et enlevé le roi Janus. au sultan au Caire. Bien plus, et il pourrait également nous dire ce qui avait conduit au renversement de ce même Tagri Verdi, dans la mesure où il avait entendu le récit d'un certain noble gentilhomme de Chypre, venu à la cour de l'empereur Sigismond pour le supplier de fournir de l'argent. pour la rançon du roi Janus, comme suit : Lorsque le glorieux père d'Akusch fut élevé à la dignité de chef mamelouk, avec Burs Bey, aujourd'hui sultan d'Égypte, ils furent tous deux jetés en prison au cours d'une certaine guerre et gisèrent dans le même donjon. Là, Tagri Verdi avait rêvé une nuit que son camarade Burs Bey serait un jour placé sur le trône et il le lui avait révélé. Puis, lorsque cette prophétie s'est réalisée et que Burs Bey était devenu sultan, Tagri Verdi s'est élevé progressivement aux honneurs et a remporté de nombreux combats glorieux en tant qu'émir et capitaine en chef de son souverain. Le sultan le combla d'honneurs et de trésors, jusqu'à ce qu'il apprenne que son ancien compagnon avait fait un autre rêve, et que cette fois son destin était de monter sur le trône. Là-dessus, Burs Bey eut très peur ; ainsi il avait jeté en prison le capitaine victorieux, et beaucoup craignaient pour Tagri que sa vie ne soit pas épargnée.

Et maître Windecke pourrait nous en dire davantage ; et tandis que de lui nous apprenions que notre empereur, parce que ses coffres étaient vides, ne pouvait rien faire pour racheter le roi Janus, et que la république de Venise voulait s'en charger, nous étions plus effrayés que jamais, dans la mesure où cela devait ajouter encore plus au haut respect dont jouissait déjà la République en terre d'Égypte, et à celui dans lequel était tenu son consul Giustiniani ; et ainsi sa femme Ursula pouvait, avec une plus grande sécurité, donner libre cours à la méchanceté qu'elle portait dans son cœur contre Herdegen .

donc au lit, silencieux et abattus ; et après que nous soyons restés là longtemps sans trouver le sommeil, les mots venaient, et je disais : « Mon pauvre, cher Kunz ! être là dans cette chaude terre maure, blessé et seul ! Oh, Ann, cela doit être plein. difficile à supporter."

"C'est vraiment dur !" dit- elle à voix basse. "Mais pour un homme libre, et un homme aussi fier que Herdegen , être l'esclave d'un païen incrédule, loin de tout ce qu'il aime, et réprimandé et puni pour chaque regard indigne ; Oh, Margery ! d'y penser !" Et sa voix est tombée en panne.

Je lui ai parlé et je lui ai montré que nous avions beaucoup de raisons de nous rendre reconnaissants, dans la mesure où nous savions enfin que celui que nous aimions était encore en vie.

Puis il y eut un silence dans la chambre ; mais je me suis souvenu alors de ce qu'Akusch avait écrit, à savoir qu'il suppliait un gentilhomme sage et puissant de partir de Nuremberg pour vaincre l'ennemi, et maintenant je me creusais la tête pour réfléchir à qui nous pourrions envoyer pour prendre en main la cause de mes frères. mais toujours en vain. Je ne pensais à personne qui pourrait facilement quitter la maison pendant si longtemps, ni qui serait effectivement apte à une telle entreprise.

Lequel de nous deux s'est endormi le premier, je ne le sais pas ; quand je me suis réveillé le matin, Ann avait déjà quitté la chambre ; et tandis que Susan me tressait les cheveux, tout ce que j'avais prévu pendant la nuit me devenait plus clair, et je descendais les escaliers avec une grande intention qui faisait battre mon cœur plus vite. Quand je suis entré dans le bal, voici, j'ai vu la même chose, bien que j'étais maintenant éveillé, comme j'avais vu hier dans mon demi-sommeil. Pourtant, ce n'était pas Uhlwurm , mais Kubbeling , à qui Ann faisait la cour. Tandis qu'il se tenait face à elle, elle le regardait avec confiance dans les yeux et tenait sa grande main dans la sienne ; bien plus, et quand elle m'a vu , elle ne l'a pas lâché, mais s'est écrié d'une voix claire et reconnaissante : « Ainsi en est-il, Père Seyfried ; et si vous faites ce que je vous en supplie, tout finira bien et vous vous souviendrez d'une si bonne action avec une grande joie toute votre vie.

"Quant à la "grande joie", je ne sais pas", répondit-il. "Car si je ne suis pas le plus fou de tout le pays, depuis Venise jusqu'à l'Islande, je ne m'appelle pas Kubbeling . Je me connais à peine ! Cependant, laissons cela de côté : je maintiens ma parole, malgré les douleurs que j'endurerai pendant le voyage d'hiver.

"Les saints vous garderont pour une mission si pieuse", a déclaré Ann. "Et s'ils devaient néanmoins vous surprendre, cher Père, je vous soignerai comme le ferait votre propre fille. Et maintenant encore votre main et mille, mille mercis."

Sur quoi Kubbeling , avec un grognement mélancolique et pourtant un sourire sur son visage, tendit la main, et Ann la tint fermement et me cria : « Tu es témoin, Margery, qu'il a promis de faire ma volonté. Oh, Margery. , je pourrais voler de joie !"

Et en vérité , il me semblait que les ailes avaient poussé, et ses yeux brillaient de joie et de reconnaissance. Et j'avais discerné dès ses premiers mots par lesquels elle avait séduit Kubbeling ; et en vérité, c'était pour moi une merveille, dans la mesure où j'avais moi-même imaginé la même chose pendant les veilles de la nuit et pendant que mes cheveux étaient coiffés : à savoir, supplier Kubbeling d'être mon compagnon et mon gardien lors d'un voyage en Égypte. . Qui d'autre que lui connaissait si bien le chemin ? Pourtant Ann m'en avait empêché, et maintenant, alors que j'entendais des voix dans l'escalier, je trouvais pourtant le temps de lui crier : « Nous y allons ensemble, Ann ; c'est une affaire réglée !

Sur ce, elle m'a regardé, d'abord avec étonnement puis avec un sourire bienheureux et consentant, et m'a dit "Tu avais imaginé la même chose, je sais. Oui, Margery, nous y allons."

Les autres arrivèrent alors en troupe, et je n'eus plus le temps que de lui serrer la main en toute hâte. Cependant, lorsque la plupart de nos invités furent entrés dans le réfectoire, où le repas du matin fumait déjà sur la planche, il ne resta plus parmi nous que la cousine Maud, l'oncle Conrad et l'oncle Christian ; et l'oncle Conrad demanda au Brunswickois s'il avait effectivement l'intention de partir ce jour-là, et l'homme répondit non, si tant est que Sa Seigneurie le grand forestier lui accorderait un abri pendant encore un moment et consentirait à un plan auquel il avait été tout à l'heure séduit.

Et mon oncle lui tendit la main et lui dit que plus il resterait, mieux ce serait. Et puis il a demandé avec une certaine curiosité quel pourrait être ce plan. Cependant, j'ai pris sur moi de parler et je lui ai dit en quelques mots que nous avions réfléchi à qui nous pourrions le mieux envoyer pour aider mes frères, et que, avec le soleil du matin, la lumière s'était levée dans nos esprits, et que alors que nous avions trouvé un compagnon fidèle et expérimenté, c'était notre ferme intention….

C'est alors qu'intervint la cousine Maud, s'étant approchée de moi les oreilles ouvertes, criant à haute voix avec terreur : « Quoi ? Cependant, je la regardai dans les yeux et continuai :

"Quand notre esprit sera décidé, Cousin, la chose sera faite, vous et tous pourrez en être sûrs - cela est aussi sûr que le château sur le rocher. Et sachez à tous, avec tout le respect que je vous dois, que ceci Je ne permettrai à personne de croiser mon chemin. Une fois pour toutes, moi, Margery et Ann avec moi, nous partons vers le pays d'Égypte en compagnie de Kubbeling , et vers le Caire même ! »

La digne vieille femme poussa un cri, et tandis que le Brunswickois fermait la porte de la salle à manger, pour ne pas nous entendre, elle éclata, les yeux brillants, hors d'elle-même de colère : « En vérité et en effet ! Voilà donc votre dessein ! Grâce à la Vierge, dire et faire ne sont pas une seule et même chose, loin de là. Croyez-vous que vous ayez tout l'amour pour ces deux jeunes gens là-bas dans un seul fief ou bail? Comme si d'autres n'étaient pas tout à fait aussi prêts. que vous de faire de votre mieux pour les sauver. Une tête qui court contre un mur se fend le crâne ! Les servantes ne devraient jamais toucher à des choses qui ne leur conviennent pas ! Quelle suite pour une imagination à l'esprit de quilles ! — Qu'elle soit venue au cerveau d'un Schopper n'est pas une merveille, mais Ann, prudente Ann ! Un homme aurait-il rêvé d'une telle chose dans notre jeunesse, Maître Cousin ? Elles se tiennent là, deux demoiselles bien nées de Nuremberg, qu'on n'a jamais laissé aller seules à côté. après Ave Maria ! Et ils sont obligés de traverser les mers vers un endroit sombre et étrange, dans la gueule même des terribles païens qui massacrent le peuple chrétien ! Alors elle frappa dans ses mains et rit à voix haute, mais pas de tout son cœur, puis elle s'extasie : « Au moins, c'est une chose nouvelle, et c'est la première fois qu'on entend parler de cela à Nuremberg !

Si tout le Saint Empire Romain s'était levé pour résister et se moquer de nous, cela n'aurait pas réussi à émouvoir Ann ni moi, et j'ai répondu haut et fort : « Tout ce qui a jamais été fait de juste et de bon à Nuremberg, mon Dieu. le cousin bien-aimé de mon cœur, y a été fait une fois pour la première fois ; et il est juste et bon que nous y allions, et nous avons l'intention de le faire ! » Sur quoi, la cousine Maud recula avec dégoût et étonnement, et nous regarda tour à tour avec des yeux interrogateurs et un visage aussi étonné que si elle s'efforçait de résoudre une sombre énigme. Alors sa vaste poitrine commença à se soulever et à s'abaisser, et nous, qui la connaissions, ne pouvions manquer de nous apercevoir qu'elle était émue d'une manière quelque peu grande et étrange. Et tandis qu'elle secouait sa lourde tête d'avant en arrière et mettait ses poings fermement sur ses hanches, j'attendais une tempête soudaine et terrible, et mon oncle Conrad la regardait également en face avec une crainte attendue ; pourtant il mit du temps à éclater. Quel fut alors mon sentiment quand, enfin, elle ôta ses mains de ses côtés et frappa sa main droite dans sa paume gauche de manière à ce qu'elle sonne à nouveau, et éclata avec empressement, quoique avec une bonne humeur espiègle et des yeux larmoyants : « Si en effet tout ce qui a été fait de bien et de bien à Nuremberg a dû y être fait pour la première fois, notre bonne ville verra maintenant qu'une vieille femme aux cheveux gris, avec la goutte aux orteils, peut naviguer sur les mers , depuis le Pegnitz jusqu'à la terre. des barbares païens et du Caire ! Votre main dessus, Jeune Kubbeling , et la vôtre, Jeunes Filles. Nous serons compagnons de voyage . Signé et scellé. Saupoudrez-y du sable !

Sur ce, Ann, qui avait l'habitude de rester immobile, poussa un grand cri et se jeta d'abord sur le cou de mon cousin, puis sur le mien et ensuite sur celui de mon oncle ; il se leva en effet comme profondément offensé, ainsi que mon bon parrain Christian. Pourtant, ils ne voulaient pas parler, pour ne pas gâcher notre joie, même si l'oncle Pfinzing grondait que notre plan n'était qu'une pure folie de jeunesse, un entêtement , etc. "En tout cas, c'est un œuf non pondu, tant que ma femme n'a pas ajouté de moutarde au bouillon poivré", déclara l'oncle Conrad, et il partit annoncer à ma tante quelle folie folle ces têtes de femmes avaient concoctée.

Même Kubbeling secoua la tête, même s'il ne parla pas, dans la mesure où il savait qu'il était difficile de lutter contre les puissances au-delà des mers.

Lui et la cousine Maud avaient toujours été en bons termes avec l'oncle Christian, mais aujourd'hui, mon oncle était mécontent ; il n'avait ni regard ni mot pour la chérie de son cœur, Ann ; et quand il se remit un peu, il fut bouleversé, avec un visage si rouge et une colère si furieuse que nous craignions qu'il n'ait un autre étourdissement, disant "que Kubbeling et la cousine Maud pourraient avoir honte d'eux-mêmes, dans la mesure où ils étaient assez vieux". pour mieux savoir et nous agissions comme deux jeunes fous. Et il continua ainsi, jusqu'à ce que l'endurance du Brunswickois en soit devenue trop grande, et tout à coup il s'écria avec une grande colère que ce qu'il avait promis n'était en vérité pas sage, dans la mesure où il n'y gagnerait que du mal , mais qu'il ne concernait que lui et il prenait tout sur lui, même si Maître Pfinzing pouvait encore se demander pourquoi et dans quel but il risquait d'en souffrir, alors que, à sa connaissance, le malheureux Junker Schopper ne pouvait être pour lui guère plus que l'homme sur la lune. Il avait coutume, dit- il, de se garder bien de risquer sa peau pour les autres, mais dans cette affaire , cela ne lui paraissait pas une affaire trop chère. Ni la volonté la plus forte ni le poing le plus fort ne pourraient suffire contre Maîtresse Ursula, la plus grande sorcière de tout le pays d'Égypte ; Il fallait pour cela une meilleure tête que le lourd cerveau que Dieu Tout-Puissant avait placé sur son cou court, et pourtant il avait juré de réduire à néant sa friponnerie . Nos cœurs fidèles et nos têtes astucieuses seraient l'aide dont il avait besoin. Il faisait confiance à la cousine Maud pour oser danser lui-même avec le vieux Nick, si le besoin s'en faisait sentir. Et il était assez homme pour nous protéger tous les trois. Et maintenant, maître Pfinzing savait tout et s'il avait encore envie d'en savoir plus, il le trouverait parmi les oiseaux, tandis qu'Uhlwurm devait partir le jour même avec eux, sans lui.

Et il tourna le dos à mon oncle et quitta la chambre d'un pas lourd ; mais il se tourna vers le seuil et s'écria : « Gardez cependant vos lèvres de dire ce que vous avez en tête, Maître, et en particulier à ceux qui sont là en train de manger, comme en touchant cette vipère de Tetzel ; car le vent passe au-dessus . la mer plus vite que nous ne le pouvons. »

Pendant qu'il parlait ainsi, l'oncle Christian s'était mis en colère et il suivit Kubbeling avec toute la hâte que son énorme corps lui permettait, et il n'était plus question de se quereller avec lui .

Les autres, qui étaient assis au déjeuner, n'avaient par bonheur rien entendu de notre dispute, parce que maître Windecke avait tellement de nouveaux sujets de conversation que toutes les oreilles étaient attachées à ses paroles ; et lui, encore une fois, a oublié de manger pendant qu'il parlait. Chez la cousine Maud, en effet, en écoutant le discours courroucé de mon parrain, certains doutes s'étaient élevés ; pourtant, une résistance encore plus forte ne l'aurait jamais détournée de tout ce qu'elle considérait comme vraiment bon et juste ; cependant, elle était plus que disposée à nous laisser le soin de régler les problèmes avec tante Jacoba . Nous montâmes chez elle, et à la porte de sa chambre, notre courage nous manqua, car nous pouvions entendre à travers la porte le discours colérique de mon oncle et ce rire que ma tante avait l'habitude de pousser quand quelque chose lui parvenait aux oreilles. pas envie d'entendre.

"Et si elle disait non ?" dis-je à Ann. Là-dessus, un véritable nuage de tristesse et de douleur recouvrit son visage, et c'est d'un ton abattu qu'elle me répondit qu'alors tout devait effectivement être terminé, et ses plus chers espoirs anéantis, parce qu'elle devait plus à Maîtresse Waldstromer que jamais elle ne l'avait jamais fait. pourrait rembourser, et tout ce qu'elle pourrait entreprendre contre sa volonté n'aboutirait certainement pas à une bonne fin. Et nous avons encore entendu le rire de ma tante ; mais ensuite j'ai repris courage et j'ai levé le loquet, et Ann m'a ouvert la voie vers la chambre.

Cependant, si nous avions nourri le moindre espoir à l'extérieur, celui-ci nous aurait complètement fait défaut. Alors que nous entrions, mon oncle se tenait près de ma tante ; il nous tournait le dos et il ne nous voyait pas ; mais son air seul nous montrait qu'il était en colère et provoqué : sa voix tremblait alors qu'il criait à haute voix avec un haussement d'épaules et sa main levée : « Un tel dessein est une pure folie et des plus inconvenants !

Puis, comme pour la troisième fois je toussais pour lui faire connaître notre présence, il tourna vers nous sa face rouge et s'écria avec une grande fureur : « Ici, vous devez répondre de vous-mêmes ; et quoi qu'il arrive, ceci au moins répondra de vous-mêmes. être dit : « S'il en résulte un malheur, je me lave les mains en toute innocence ! »

Sur quoi il se dirigea en toute hâte vers la porte et avait levé la main pour la claquer, lorsqu'il lui rappela la santé malade de sa femme bien-aimée, la ferma doucement et laissa tomber doucement le loquet.

Nous nous tenions devant tante Jacoba et nous pouvions à peine en croire nos yeux et nos oreilles lorsqu'elle ouvrait grand les bras et, les yeux rayonnants, criait d'une voix joyeuse et contente : « Venez, venez dans mon cœur, les enfants ! Oh, vous êtes bons. , chères et courageuses jeunes filles ! Pourquoi, pourquoi suis-je une créature si vieille, si enchaînée, si malade ? Pourquoi ne puis-je pas vous accompagner ?

A ses premiers mots, nous étions tombés à genoux à son côté, et elle serrait avec ferveur notre tête contre son sein, nous embrassait les lèvres et le front, et criait, les yeux toujours brillants : " Oui, les enfants, oui ! C'est courageux, et la bonne voie ; Le courage et le véritable amour ne sont pas morts dans le cœur des femmes de Nuremberg. Ah, et combien de fois ai-je imaginé que je pourrais moi-même me lever et fuir après mon exil rebelle, cher et indu , mon propre Gotz , qu'il soit là où il peut, par-delà les montagnes et les mers jusqu'aux extrémités de la terre ! — Moi, un malheureux squelette souffrant ! Mais ce qui est refusé aux vieux, les jeunes peuvent le faire, et la Vierge et tous les Saints vous garderont. " Et Kubbeling , le Jeune- Kubbeling , ce Seyfried le plus courageux et le plus vrai ! Amenez-le pour qu'il me parle. Si dur et si bon ! — Mon vieux, bien sûr, doit tempêter et délirer, mais alors son faible et maladif personne de une petite femme peut l'enrouler autour de son doigt. Laissez-le-moi, et soyez sûr que vous gagnerez sa bénédiction. Après midi, Uhlwurm et le chariot d'oiseaux se dirigèrent vers Francfort, où le fils aîné de Kubbeling s'attardait pour rencontrer son père avec des faucons frais. Chaque fois que le vieux et sombre barbe grise montait à cheval, il murmurait à Ann : « La plus fidèle des jeunes filles, trouve un moyen d'inciter Seyfried à m'emmener dans ta communion au pays d'Égypte, et j'opérerai un charme qui sera d'un assurez-vous de vous rendre votre amant, si toutefois il ne l'est pas ... " et il était sur le point de crier " parti ", comme à son habitude ; pourtant il se retint et ne parla pas. Le jeune Kubbeling resta au pavillon forestier ; et quant à mon oncle, il fut vite évident que ma tante avait eu raison en cette matière ; bien plus, lorsque nous rentrâmes en ville, il me sembla que lui et sa femme étaient dès le début d'un même avis. Notre objectif lui plaisait d'autant plus qu'il apprenait à croire plus sûrement que l'esprit de nos petites femmes serait peut-être capable de retrouver son fils errant et de l'inciter à retourner dans la maison forestière de son père.

CHAPITRE XII.

Nous avons soigneusement obéi au conseil de Kubbeling selon lequel nous devions garder notre objectif secret, et celui-ci est resté caché même aux invités du lodge. D'un autre côté , on leur avait dit tout ce que contenait la lettre d'Herdegen , et que c'était Ursula qui le poursuivait avec une telle méchanceté. Et pourtant, bien que nous nous soyons tous engagés à garder le silence sur cette affaire à Nuremberg, aucune femme, ni peut-être aucun homme non plus, ne pouvait cacher des actes aussi étranges à ses proches amis et parents ; et même si nous ne pouvions pas dire ce qui en réalité empêchait le retour de nos frères, la rumeur courait parmi nos cousins et les rumeurs qu'une somme énorme et inaccessible était nécessaire pour racheter les deux jeunes Schoppers . Et d'autres rapports merveilleux circulèrent, peignant l'esclavage de mon frère sous des couleurs terribles.

Au début, cela m'a mis en colère, mais ensuite cela m'a moins provoqué, dans la mesure où cette grande compassion a été éveillée ; et ces mêmes citoyens et dames qui autrefois avaient l'habitude de réprimander Herdegen comme un membre de Satan, et l'auraient volontiers vu conduit à la potence, se souvenaient maintenant de lui autrement. Oui, la camaraderie a des yeux bienveillants, grands ouverts sur tout ce qui est bon et disposés à se fermer à tout ce qui est mal, et c'est ainsi que les nobles dons du pauvre esclave maintenant perdu pour la ville furent loués. vers les cieux. Sur ce, arriva une lettre de milord Cardinal avec ces nouvelles de bon réconfort : qu'il était prêt à administrer l'extrême-onction à mon grand-oncle Im Hoff, si sa vie était en péril au retour de son éminence d'Angleterre. Nos lettres suivantes étaient, sur son ordre, de le trouver à Bruxelles, et lorsque la vieille dame Pernhart eut donné son consentement à notre voyage en terre d'Égypte, tandis que tante Jacoba tenait en grand honneur sa sagesse et son esprit astucieux , et avait déménagé son fils et dame Giovanna faisant de même, Ann écrivit une longue lettre à monseigneur le cardinal, le vénérable chef de la famille Pernhart , exposant en paroles touchantes pour quelle cause et dans quel but elle avait osé une entreprise si audacieuse. Elle implorait son aide et sa bénédiction, et déclara que la voix intérieure, à laquelle il lui avait appris à obéir, lui donnait l'assurance que le dessein qu'elle avait en main était agréable aux yeux de Dieu et de la Vierge.

Moi, pour ma part, je n'aurais jamais pu écrire une lettre aussi belle ; et avec quelle calme Ann remplirait-elle désormais ses devoirs quotidiens, tandis que la cousine Maud, même si ses pieds pouvaient à peine la porter, était ici, là et partout, comme un feu follet.

C'est Ann qui a eu l'idée la première d'aller avec le jeune Kubbeling à la maison des Futterer et de s'y renseigner sur les routes de Gênes, ainsi que sur les marchands qui pourraient s'y trouver prêts et disposés à expédier ses faucons pour les vendre à Alexandrie. ; puisque ce n'était qu'en voyageant sur un galion qui ne partait pas de Venise que nous pouvions échapper aux espions d'Ursule ; et que Kubbeling subisse une perte à cause de nous, nous ne pouvions en aucun cas le permettre. Et tandis que le vieux maître Futterer lui-même se trouvait maintenant à Nuremberg, il se déclara disposé à acheter les oiseaux pour le compte de sa propre maison, au même prix que les commerçants de Venise ; Le Brunswickois n'était pas du tout réticent à l'idée qu'il pourrait bientôt obtenir un meilleur prix au Lido, alors qu'on savait qu'il avait d'autres voies et moyens à sa disposition. Le voyage par Gênes nous offrait également cet avantage : nous n'étions liés à aucune heure ni saison. Le vieux maître Futterer s'est engagé à trouver un navire à tout moment lorsque Kubbeling en aurait besoin.

Alors que nous avions prévu de partir au milieu de décembre, nous sommes allés au refuge forestier au début de ce mois-là, et comme il en était de moi à cette époque, il en sera certainement de même pour les hirondelles et les rossignols, ou jamais. ils volent vers le sud, au-dessus des montagnes et des mers. Jamais l'air pur n'avait été plus doux, jamais je n'avais envisagé l'avenir avec plus d'espoir, de force ou de but plus élevé. Et ma faible et maladive tante Jacoba , me semblait-il , partageait les mêmes idées que moi. En esprit, toujours enthousiaste, elle était déjà avec nous dans cette région lointaine, et même si autrefois elle avait toujours préféré Ann à moi, maintenant tout d'un coup les rôles ont été inversés ; elle ne me voyait jamais assez, et quand enfin Ann voulut rentrer en ville avec oncle Christian, elle me supplia si instamment de rester avec elle que je fus obligé de céder ; et en effet j'étais bien content de m'y attarder, la forêt étant maintenant dans toute sa splendeur.

Les dentelles les plus délicates étaient accrochées aux arbres givrés. Ils avaient été trempés, semble-t-il , dans de l'argent fondu et du cristal, et toute la forêt était brodée d'émail brillant et abondamment parsemée d'étincelles de diamants clairs. Et avec quel éclat tout brillait lorsque le soleil se levait de la brume matinale et brillait sur toute cette gloire depuis un ciel bleu ! La nuit, la lune éclairait la forêt givrée d'un rayon plus doux et plus affectueux, et jusqu'à une heure tardive, je la contemplais, ou la voûte étoilée où les étoiles filantes surgissaient des profondeurs bleu foncé. Or, il est bien connu de beaucoup de ceux qui sont encore dans leur verte jeunesse que, chaque fois que nous sommes en train de penser à un désir sincère, tout comme une étoile tombe, il est sûr qu'il se réalisera ; et voici, la nuit suivante, alors que je regardais vers le haut et me demandais dans mon cœur si nous serions effectivement capables de sauver mes frères et de retrouver mon cousin Gotz comme sa mère malade l'espérait si ardemment, une étoile brillante tomba, comme c'était juste devant moi. Sur quoi je me couchai si gaiement et si sûr de moi que je ne me suis jamais senti avant ou depuis cette nuit-là.

Et le lendemain matin, comme j'allais chez ma tante de bonne humeur et de bonne humeur, elle s'aperçut qu'un bonheur m'était arrivé. Puis, quand je lui ai raconté ce que j'avais eu en tête lorsque tombait l'étoile qui, comme le croient les petits enfants, est tombée de la main d'un ange aveuglé par la gloire de Dieu Tout-Puissant, elle m'a regardé en face avec un air triste. souris et dis-moi de m'asseoir à ses côtés. Et elle prit ma main dans la sienne et ouvrit grand son cœur comme elle ne l'avait jamais fait jusqu'à cette heure. Il était évident qu'elle attendait depuis longtemps son heure pour ce discours complet et libre, et elle a avoué qu'elle ne m'avait jamais témoigné autant d'amour et de soins qui m'étaient effectivement dus. La simple vue de moi avait toujours blessé la blessure ouverte, dans la mesure où il y a longtemps, ou dès que j'allais pour la première fois à l'école, ses plus grands espoirs étaient placés sur moi. Elle m'avait toujours considéré comme la future épouse de son fils unique, et Gotz lui-même avait été du même avis, alors que dans son enfance, et même quand sa barbe commençait, il n'aimait rien de plus que la petite Margery dans son capuchon rouge.

Et elle me rappelait maintenant de nombreuses actions aimables que son fils m'avait faites, et comment une fois, lorsque mon seigneur le connétable l'avait invité avec d'autres garçons à Kadolzburg , ce qu'elle et mon oncle considéraient comme un grand honneur, il avait dit : Non , il ne sortirait pas de chez lui, parce que la cousine Maud devait venir ce jour-là et m'emmener avec elle.

> [Kadolzburg — Une résidence de campagne appartenant
> aux hauts connétables de la ville de Nuremberg, et leur lieu
> de villégiature favori, même après qu'ils soient devenus
> électeurs de Brandebourg. C'était à environ trois miles et
> demi à l'ouest de la ville]

Sur quoi survint sa première vive dispute avec ses parents, et lorsque mon oncle menaça de l'y amener de force, il s'était enfui dans les bois, et resta toute la nuit chez des apiculteurs, et ne rentra à la maison qu'à midi le matin. demain, quand il était trop tard pour arriver à temps au Château. « Pour le punir de cela, il a été enfermé ; mais, entendant ma voix en bas, il s'était laissé descendre par le caniveau, avait saisi ma main et s'était enfui avec moi dans les bois, et n'était revenu qu'après l'Ave Maria. Et là-dessus, il fut sévèrement battu, bien qu'il fût déjà un grand garçon et de bon conseil en toutes choses.

La colère de mon oncle à ce moment-là m'était restée à l'esprit, mais ma participation à cette affaire était nouvelle pour moi et me faisait rougir le visage. Cependant, j'ai pensé qu'il aurait été préférable que ma tante ne me l'ait jamais dit ; Car, même si c'était effectivement bon d'entendre cela et de réjouir mon âme, cela m'empêcherait néanmoins de regarder Gotz librement en face si par hasard je le rencontrais.

Puis elle me raconta en détail tout ce qui était arrivé à mon cousin jusqu'à ce qu'il parte errer. Lorsqu'ils s'étaient séparés en colère, il lui avait écrit de la ville pour lui dire que si elle restait ferme dans son mécontentement, il devrait chercher une nouvelle maison pour lui et sa bien-aimée dans un pays lointain ; et elle lui avait envoyé une lettre pour lui dire que ses bras étaient toujours ouverts pour le recevoir, mais que plutôt que de laisser le fils unique et héritier de la vieille et noble race de Waldstromer se jeter sur la fille d'un artisan, elle ne le ferait jamais. davantage les yeux fixés sur celui qu'elle aimait de tout son cœur. Jamais plus, et elle le jura par les blessures du Sauveur , le crucifix à la main, les portes de ses parents ne lui seraient ouvertes à moins qu'il n'abandonne la fille du chaudronnier et ne demande pardon à sa mère.

Et maintenant, la vieille malade pleurait avec des larmes amères sa dureté sévère et son serment trop précipité ; Gotz avait été fidèle à sa Gertrude malgré sa lettre, et lorsque, trois ans plus tard, il apprit que sa bien-aimée s'était languite de chagrin et de désir et qu'elle avait quitté cette vie avec son nom sur les lèvres, il avait écrit dans l'angoisse sauvage de sa jeune âme qui, maintenant que Gertrude était morte, il n'avait plus rien à demander à ses parents ; et que tandis que sa mère avait juré de la main sur l'image du Sauveur de ne jamais lui ouvrir ses portes avant qu'il n'ait renoncé à son doux et pur amour, il fit maintenant un serment non moins solennel et contraignant, par l'image du Crucifié. Bon Dieu, qu'il ne retournerait jamais chez lui tant qu'elle ne l'y aurait pas invité de son plein gré, et qu'il aurait avoué qu'elle se repentait de la mort prématurée de cette innocente jeune fille, alors qu'il n'y en avait pas comme elle parmi toutes les nobles jeunes filles de Nuremberg, quels que soient leurs noms. être.

J'ai lu cette lettre moi-même, et j'ai bien vu que ces deux-là avaient malheureusement gâché leur plus belle joie de vivre par une colère trop précipitée. Même si je connaissais très bien l'esprit têtu de tante Jacoba , je m'efforçais néanmoins de la pousser à envoyer une lettre à son fils pour l'inviter à rentrer chez lui ; pourtant elle ne le voulut pas, même si elle se lamenta cruellement.

"Je ne peux en toute vérité lui accorder qu'une seule chose de ce qu'il exige de moi", dit- elle. " Si vous le trouvez, vous pouvez lui dire que sa mère vous envoie sa plus tendre bénédiction et l'assurer du plus profond dévouement de mon cœur ; bien plus, et lui faire comprendre que je languis de désir pour lui et que j'obéis à sa volonté dans la mesure où que je pleure vraiment la mort de son bien-aimé, car c'est en vérité la vérité, la Vierge et les saints m'en sont témoins. Cependant je ne pourrai pas et je ne lui ouvrirai pas mes portes tant qu'il n'aura pas imploré mon pardon, et si je l'ai fait il doit donc considérer sa propre mère comme une femme parjure.

Alors je lui montrai — et mes yeux débordèrent — que son serment s'opposait au sien, et que l'un avait autant de poids que l'autre aux yeux du Très-Haut .

« Oubliez ce vœu cruel, ma chère tante, m'écriai-je, je ferai avec vous n'importe quel pèlerinage, et je sais bien qu'aucune pénitence ne vous semblera trop dure .

"Non, non, bien sûr, Margery, non !" répondit-elle avec un gémissement. " Et l'aumônier me l'a dit il y a longtemps ; et pourtant je sens dans mon cœur que vous et lui avez tort. Un serment juré par les plaies du Christ ! — D'ailleurs je suis l'aîné et sa mère, il est le plus jeune et mon fils. C'est à lui de venir vers moi, et s'il fait alors un pèlerinage , ce sera à Rome et au Saint-Sépulcre . Il a devant lui le temps pour faire toute pénitence que la Sainte Église pourra lui demander. — Je me mettrais sur le chevalet seulement pour le revoir, je jeûnerais et me flagellerais jusqu'à mon dernier jour ; mais je suis sa mère, et il est mon fils, et c'est à lui de faire le premier pas, non pas le mien qui l'a porté.

Avec quelle chaleur je la pressais encore et encore, et combien de fois elle était sur le point de céder aux grands cris de son cœur ! Pourtant, elle revenait toujours au même point : qu'il ne lui convenait pas d'être la première à tendre la main, même si tous ses sentiments l'y poussaient.

Les lettres envoyées à Gotz lui étaient parvenues par la maison d'un marchand de Venise. Ses parents le savaient et avaient chargé Kunz depuis longtemps de s'enquérir de son lieu de résidence. Pourtant, ses efforts n'avaient servi à rien , dans la mesure où le jeune banni avait interdit aux commerçants d'en parler à qui que ce soit , qui que ce soit. Cependant, mon oncle avait supplié son fils dans de nombreuses lettres de s'occuper de lui de la maladie de sa mère et de revenir à la maison ; et dans ses réponses, Gotz avait à plusieurs reprises donné à ses parents l'assurance de son véritable et aimant dévouement ; pourtant il avait tenu son serment et s'était attardé au-delà des mers. Ma tante me montra également ces lettres, et pendant que je les lisais, elle me chargea de me faire un devoir de ne pas quitter la maison de ce marchand et de ne prendre aucun repos avant d'avoir appris où habitait son fils : disant que ce qu'un Italien pourrait nier pour un homme, une belle jeune fille pourrait encore obtenir de lui.

Il n'était pas encore crépuscule lorsque Maître Ulsenius vint interrompre notre conversation. Il était venu en partie pour voir Eppelein , et bientôt, quand une lampe fut apportée, alors que nous nous trouvions à côté du garçon fidèle, il m'appela par mon nom, puis oncle Conrad, et me dit que même s'il était fatigué de ses membres, il était à l'aise et confortable; qu'il ressentait de temps en temps une sensation de brûlure, notamment au niveau du cou, mais cela ne le troublait que peu, dans la mesure où cela lui montrait clairement que la pensée qui l'avait hanté, qu'il avait été réellement tué et dans un enfer sombre, était mais un rêve horrible.

Puis, après avoir tant parlé, avec beaucoup de peine, son visage pâle devint tout d'un coup rouge, et il demanda de nouveau, comme il l'avait fait plusieurs fois dans sa maladie, où était la lettre de son maître. Sur ce, je lui ai dit en toute hâte que nous avions traqué les voleurs et l'avions sauvé, et c'était une joie de voir combien cela lui était réconfortant et ravi. Et après avoir avalé une bonne tasse de Malvoisie forte, il se redressa et demanda si le baron von Im Hoff était disposé à satisfaire la trop grande demande du sultan. Et à cela je répondis, pour lui donner du réconfort, que nous avions de bonnes raisons de l'espérer. Et son esprit était-il maintenant suffisamment clair pour lui permettre de se rappeler le montant de la rançon demandée ?

Il sourit astucieusement et dit que, même mort, il aurait à peine pu oublier cela, parce qu'il avait marmonné ces mots en chemin plus souvent qu'aucun vieux moine ne marmonne son Paternoster. Et quand l'oncle Conrad riait et lui demandait en plaisantant de répéter, il disait, comme un écolier sûr de sa tâche : « Pour maître Herdegen Schopper , esclave dudit incroyant Abou Sef — [Père du cimeterre] — dans l'armurerie du sultan Burs Bey au château du Caire, une rançon est demandée de vingt-quatre mille sequins de Venise. Georges-Christina ! Mort et feu sur la tête du misérable incrédule ! »

En entendant cela, nous avons tous cru qu'il s'était sûrement trompé sur la somme ou sur la pièce, de même nous avons pensé que ses dernières paroles étranges étaient dues à un esprit errant ; cependant, nous allions bientôt apprendre qu'en vérité ses nouvelles étaient la vérité. Il ajouta aussitôt avec peine que son maître lui avait fait utiliser un moyen par lequel il pourrait se rappeler le numéro de tous les autres, au cas où, par malheur, la lettre serait perdue. Et c'est ainsi qu'il nous a fait savoir avec certitude que la somme considérable demandée n'était pas une erreur de sa part. C'est dans ce but qu'il avait gravé dans sa mémoire les noms de saint Georges et de sainte Christine, dont les jours dans le calendrier sont le 24 avril et le 24 juillet, et le nombre de milliers nommés pour la rançon était également de quatre. et vingt. Aussi Herdegen lui avait demandé de penser deux fois aux douze apôtres et aux vingt-quatre heures de minuit à minuit. Cela semblerait inimaginable à la plupart des gens, dit-il, et pourtant c'était en effet vingt-quatre mille, et non cent, sequins que ce sultan diabolique a demandé, comme nous devons en effet le savoir par la lettre. Bientôt, après qu'il se fut reposé un moment, nous lui fîmes nous en dire davantage, et nous apprîmes que le sultan avait eu l'intention de libérer Herdegen sans prix, et qu'il l'aurait fait conduire immédiatement au roi emprisonné Janus de Chypre, auquel il pensait qu'il pourrait ainsi se faire un plaisir, mais qu'Ursula Tetzel, qui se tenait là avec son mari, avait murmuré au sultan qu'elle ne le verrait pas privé d'un grand profit pour autant que cet esclave chrétien là-bas - et elle montra mon frère – était issu d'une des familles les plus riches de sa ville natale, qui pouvait payer une rançon royale pour lui et ne trouvait pas cela un grand fardeau ; et qu'il en était de même pour Sir Franz, qui devait également être libéré. Alors le sultan, qui manquait toujours d'argent, malgré le lourd tribut qu'il prélevait sur toutes les marchandises, ordonna qu'on emmène Herdegen et le Bohémien, puis il demanda cette rançon excessive. Alors Ursule prit sur elle, de son plein gré, d'informer les parents et amis des esclaves des demandes du sultan, et, à cause de sa profonde méchanceté, elle ne l'avait jamais fait.

Ce soir-là, nous ne saurions peut-être pas comment et de quelle autorité Eppelein savait tout cela, car beaucoup de paroles l'avaient fatigué. Tout ce que nous pouvions alors apprendre, c'était que c'était Ursula, et aucune autre, que le garçon appelait encore la Diable, qui avait ourdi le piège qui avait bien failli coûter la vie à mon autre frère. Pourtant, s'il l'avait laissé tellement amendé que lui, Eppelein , serait heureux de ne pas être pire.

Même si ces nouvelles de Kunz étaient bonnes pour nous remonter le moral, nos espoirs de racheter Herdegen étaient en effet lointains, ou plutôt du domaine du jamais-plus ; même si mon grand-oncle possédait une si grosse somme, il s'agissait de savoir s'il serait disposé à la payer ; et quant à nous, nous n'aurions jamais pu l'élever au prix de toute notre fortune. A cette époque, le sequin de Venise et le florin de Nuremberg n'étaient pas très différents en valeur, et ce que signifiait la somme de vingt-quatre mille florins, chacun peut imaginer quand je dis que, pas plus de douze ans plus tôt, la liberté de frapper pour l'ensemble la ville fut concédée par l'empereur Sigismond à Herdegen Valzner pour quatre mille florins rhénans ; et que maître Ulman Stromer a acheté sa belle maison d'habitation derrière la chapelle Notre-Dame, avec les maisons qui s'y rapportent, et sa part dans la maison des Rigler pour deux mille huit cents florins. Pour la somme demandée, une rue entière de Nuremberg aurait pu être vendue ; bien plus, le grand château de Malmsbach sur le Pegnitz aurait été récemment acheté par la ville pour mille florins rhénans, mais le maître Ulrich Rummel , à qui il appartenait, ne s'en séparerait pas. Et nous devions désormais payer le prix de deux douzaines de ces forteresses ! Il s'agissait bien d'une extorsion inouïe et diabolique ; et quand Kubbeling en eut connaissance, il retourna sa poche en peau de chat sauvage et se mit en colère et se déchaîna.

Tante Jacoba pâlit en entendant parler de cette grosse somme, et elle pensait également que le vieux Im Hoff, qui avait récemment dépensé beaucoup d'argent en vœux et en fondations, ne donnerait jamais une somme aussi importante. Les familles les plus riches de Nuremberg pourraient être incitées à payer cinquante florins, et tout au plus cent florins, pour la rançon d'un chrétien et d'un compatriote, mais si même vingt pouvaient être trouvées aussi généreusement, ce qui n'était pas attendu. et si mon parrain Christian Pfinzing , les Waldstromer et les Haller faisaient tout leur possible et que nous donnions la plus grande partie de tous nos biens, nous pourrions à peine atteindre vingt-quatre mille sequins si mon grand-oncle le faisait. pas d'aide.

Ainsi, après un jour d'espoir venait une première nuit de désespoir, et bien d'autres devaient suivre, et je devais savoir une fois de plus que les malheurs n'arrivent jamais seuls.

J'avais espéré avoir la certitude de parler encore une fois avec Eppelein , sinon je partis à midi et de lui poser de nombreuses questions ; Cependant, lorsque je montai dans sa chambre, maître Ulsenius me rencontra avec un visage soucieux et me dit que le pauvre garçon avait encore une fois l'esprit égaré. Alors que je quittais la maison, le chariot d'un apiculteur sortait lentement de la cour. La ménagère agita la main et, sous l'inclinaison, le visage de Dame Henneleinlein me regarda avec un sourire méprisant. Depuis sa mauvaise conduite chez les Pernbart , ils lui avaient fermé leur maison, et lorsqu'elle avait osé une fois se rendre au Schopperhof , de là également elle avait été exclue, et ainsi elle n'avait aucune bonne volonté envers nous. Or, comme je demandais à la gouvernante quelle pouvait être la fin et le motif de cette visite, la femme cacha sous son tablier un pot de miel que la vieille dame lui avait donné comme friandise pour les enfants ; et elle me fit comprendre que la digne dame était sortie dans la forêt pour percevoir les dus de miel de sa veuve, et qu'elle s'était arrêtée pour un petit entretien amical. Mais je pensais que ce « petit » devait avoir une signification étrange, dans la mesure où les joues flétries de la ménagère étaient de la couleur d'une poitrine de rouge-gorge. Sur ce, je la menaçai du doigt et lui demandai si elle n'avait pas trahi plus qu'elle ne le devrait à la vieille femme au langage méchant, mais elle nia vivement cette accusation.

Mon retour à la ville après midi ne fut pas tout à fait agréable, à cause de la pluie glaciale qui tombait du ciel en ruisseaux mêlés de neige. Plus nous avancions, plus les routes étaient mauvaises, et pourtant, lorsque mes compagnons se tournèrent à la porte de la ville pour rentrer chez eux, une confiance étrange et féroce s'empara de moi. Que ce soit parce que l'eau qui s'écoulait de moi et de mon gros cheval m'avait singulièrement rafraîchi, ou si c'était le but inébranlable que j'avais fixé tout au long de ma route, de tout risquer jusqu'au bout pour racheter mes frères, je je ne sais pas. Mais jusqu'à présent, je me souviens que, tandis que j'avançais dans les rues sombres, mon cœur battait fort de contentement, et que si j'avais été un autre homme comme Herdegen , j'aurais peut-être été assez prêt à chercher querelle avec le premier qui aurait dû le faire. m'ont dit non.

ainsi devant la maison de mon grand-oncle ; là, je vis de loin une lanterne allumée, comme un ver luisant au milieu de l'été, se déplaçant dans la rue, et quand je m'aperçus que ce n'était autre que le vieux Henneleinlein qui la portait, je mis mon cheval, qui jusqu'alors avait été pataugeant dans la boue pas à pas, au galop rapide, aussi vite qu'il pouvait aller, et le domestique derrière moi, passant près d'elle. Et quelle simple joie j'ai eu lorsque nos chevaux ont éclaboussé la vieille femme de la tête aux pieds, dans la mesure où j'étais sûr qu'elle aurait pu se rendre chez mon grand-oncle à cette heure tardive sans autre fin que pour révéler tout ce qu'elle aurait pu ramasser. se lever de son amie et bavarder au pavillon forestier.

donc chez moi plus gai que je ne l'avais espéré ; et quand Susan m'a dit que la cousine Maud était dans la cuisine en train de commander le dîner, j'ai grimpé à l'étage, j'ai changé à la hâte mes vêtements mouillés, j'ai envoyé mon homme dire à Ann qu'elle devait venir vers moi, puis, dans la meilleure chambre. , j'allai chercher le vin d'aunée dont j'avais toujours trouvé le meilleur remède quand mon cousin avait besoin de force. Mes soins n'ont pas non plus été vains ; car lorsque je lui eus raconté peu à peu, comme à petites doses, toutes les nouvelles que j'avais entendues hier, et terminé par le grand et cruel prix exigé par le sultan, elle poussa un cri à haute voix et joignit les mains à son cœur en disant: à tel point que j'étais vraiment dans une grande peur. Alors le vin d'aunée rendit de bons services ; pourtant ce n'est que lorsqu'elle en eut bu plusieurs fois que sa langue parla à nouveau clairement. Et bientôt, quand elle parvint à le remuer, cela dura longtemps sans pause ni repos, dans une pure impatience et des injures impies.

Lorsqu'elle eut ainsi soulagé son esprit, elle se mit à arpenter le parquet sur une seule et même planche, comme un lion dans sa cage, et à se rappeler, une à une, toutes nos possessions terrestres, et à compter à quel point nous pourrions parvenir à le vendre contre de l'or. La somme totale n'était pas grand-chose pour nous réconforter, car ses biens fonciers, comme ceux des Waldstromers , étaient en terres, et en ces jours de péril des Hussites, il était déjà assez difficile de vendre des propriétés foncières, et sa meilleure part était en prés. et des pâturages et quelques vignobles près de Wurzburg.

Dès le début, son intention était, comme si c'était une évidence, de donner tout ce qu'elle possédait, jusqu'à ses bijoux ; et alors qu'elle pensait, avec raison, que, pour l'amour d'Herdegen , je devrais partager les mêmes idées, elle ne me posa aucune question mais y ajouta dans son esprit les bijoux Schopper qui m'étaient venus de mon père et de ma mère, puis commença à compter et compter. Cela pourrait peut-être atteindre onze mille sequins si nous vendions tout ce que nous avons à vendre ; Pourtant, notre héritage appartenait à la Chancellerie, et, comme elle le savait très bien, pas un sou ne pouvait être cédé sans l'autorité pleine et bien prouvée de Herdegen et de Kunz. Je ne pouvais même pas posséder ce qui m'appartenait, car notre héritage n'avait jamais été partagé et nos maisons et nos terres n'avaient pas été évaluées à un prix. Il me faudra donc faire preuve d'une longue patience, sinon je viendrai tout seul ; d'autant plus que messieurs de la chancellerie étaient tenus de répondre des richesses des orphelins à leur charge.

Là-dessus nous pensâmes encore à mon grand-oncle, et la cousine Maud déclara qu'il serait certainement prêt à payer la moitié de la rançon demandée dans un but si agréable aux yeux de Dieu, et que l'autre moitié pourrait être relevée grâce à l'aide. de nos amis. Alors elle voulut penser à l'avenir. Et plus elle le faisait, même quand Ann était venue nous voir et avait été informée de toutes nos nouvelles, plus elle se montrait de bonne humeur ; bien plus, on aurait pu concevoir qu'il serait bien plus facile et agréable de vivre dans une pauvreté étroite que dans des richesses superflues, et là-dessus elle me rappela combien de fois, lorsque les hommes étaient loin de chez eux , elle et moi nous étions contentés de faire bonne chère avec du porridge sucré, et avions très volontiers dîné sans viande, si coûteuse. Nous devrions être libérés de la vexation de tant de serviteurs et de filles ; et alors que récemment elle avait été forcée de chasser Brigitta de la maison, elle n'avait-elle pas elle-même échappé à la fièvre due à un simple souci d'esprit. Susan serait toujours fidèle à nous ; elle serait prête à partager notre pauvreté avec nous, et les agitations du haut et du bas étaient depuis longtemps un tourment pour ses vieux pieds.

Le Magister était un homme bien disposé, et s'il trouvait trop difficile de nous quitter , nous pourrions très volontiers le laisser pensionner avec nous, s'il pouvait se contenter de vivre avec nous dans sa petite maison de Grassmarket . dans lequel Rosmuller habitait maintenant. Les bonnes étoffes filées à la maison ne manquaient pas à Nuremberg ; bien plus, et si nous n'avions plus jamais de vêtements neufs, ce serait d'autant mieux pour la santé de notre âme. Quant à moi, j'aurais peut-être moins de prétendants, mais si quelqu'un me faisait sa cour, il n'aurait d'autre pensée que pour Margery, son apparence et ses mouvements. Non, prenez-le pour tout, nous devions beaucoup de remerciements à Ursula et au sultan païen réprouvé si, par leurs moyens, nous étions descendus d'une richesse et d'une aisance malheureuses à une pauvreté agréable à Dieu.

Ann était beaucoup moins horrifiée que nous par l'effroyable somme de la rançon, parce qu'elle était toujours possédée par l'assurance que le Ciel les avait créés, elle et Herdegen , l'un pour l'autre, et qu'il les réunirait enfin.

d'ailleurs de bonnes raisons de fonder ses espoirs sur l'aide de mon grand-oncle. Dans une lettre que le Cardinal lui avait adressée, il lui disait que maintenant, comme autrefois, il ne pouvait que lui conseiller de suivre la voix de son cœur ; qu'il ne mettrait aucun obstacle à notre départ, bien qu'il nous priait instamment de le remettre à après son retour, qui devrait maintenant avoir lieu dans un court laps de temps. Elle devait faire savoir au baron Im

Hoff qu'il était prêt à faire sa volonté, même s'il espérait à son arrivée le trouver en meilleure santé. Elle avait aussitôt porté ces bonnes nouvelles à mon grand-oncle, et elles avaient tellement élevé et réconforté son cœur qu'en vérité il semblait que les bons espoirs de milord Cardinal pouvaient se réaliser. Et ce matin même, elle l'avait vu, et un esprit vraiment étrange l'avait envahi ; il lui avait demandé directement, et comme si c'était pour lui une grande affaire, tout ce qu'elle pouvait lui dire sur la manière de vivre de milord Cardinal, sur les devoirs de sa charge, etc. et tandis qu'elle lui répondit que de toutes ces choses elle ne savait que peu de choses, pourtant elle avait entendu de sa propre bouche que Son Éminence était liée par la gratitude envers Sa Sainteté le Pape, parce qu'il l'avait nommé grand aumônier du pape. trésor et ainsi le mettre en son pouvoir pour faire de nombreuses bonnes œuvres ; et cela, estimait-elle, avait apporté une grande facilité à mon grand-oncle. Puis, lorsqu'elle se leva pour le quitter, il avait envoyé son domestique demander à maître Holzschuher , le notaire, de venir chez lui, et d'amener avec lui deux témoins dignes de confiance, dûment juré de garder le secret. En lui faisant ses adieux, il avait ri et lui avait murmuré que Son Éminence le Cardinal serait très content du vieux Im Hoff, oui, et qu'elle aussi, ainsi que de son amant.

Tout cela nous a donné matière à réflexion et aussi bon cœur ; seulement cela pesait sur nos âmes que notre départ ne devait pas avoir lieu avant quelques semaines.

CHAPITRE XIII.

Le lendemain matin, la cousine Maud m'a fait voir d'une manière très agréable à quel point elle était désormais sérieuse en matière d'économie ; elle ne prenait qu'une petite noisette de beurre à la paysanne qui l'apportait, elle renvoyait le boucher et ne voulait pas de viande, et au petit déjeuner elle s'abstenait de beurre sur son pain, comme elle avait l'habitude d'en manger. De même, la chaîne et la grande épingle en or qu'elle portait toujours du matin au soir, qui brillait sur sa poitrine comme une lanterne de veilleur, étaient maintenant mises de côté, et pendant que je mangeais mon porridge, elle me montra le coffre dans lequel elle avait déposé tout ce qu'elle possédait. d'anneaux, d'épingles, etc., qu'elle apporterait bientôt à la pesée pour être pesée, puis chez un orfèvre pour être évaluée. Cependant, quand je voulais faire de même avec mes bijoux, elle ne le voulait pas, car la jeunesse, dit -elle, avait besoin d'un tel courage, et nous devons d'abord savoir quelle part de la rançon mon grand-oncle prendrait sur lui. payer.

Sur ce, pour accomplir mon dessein d'hier, je me suis fait un devoir de porter la mauvaise nouvelle au vieux baron et de lui rappeler humblement sa promesse de prendre soin de la rançon d'Herdegen . Il pleuvait abondamment et un vent humide d'ouest sifflait dans les rues boueuses. C'était fatiguant de les parcourir, et quand enfin j'atteignis la maison Im Hoff, Maître Ulsenius m'appela en bas des escaliers : « Silence, Maîtresse Margery ; il fait pire ici que sans portes !

Ainsi , en entrant dans la chambre surchauffée, je vis qu'il n'y avait rien de bon à espérer ; et pourtant les choses étaient pires que ce que j'avais imaginé pour les trouver. Dès que mon grand-oncle m'a vu, il a froncé les sourcils, ses yeux creux ont eu un regard furieux et, sans me répondre, il a croassé: "Tu espérais que le vieil homme serait mort pour l'éternité ou Vous êtes-vous déjà lancé dans votre folle aventure ? Hah, hah Mais vous vous trompez. J'aurai encore assez de temps pour vous montrer à qui vous avez affaire, comme cela a également suffi pour me montrer qui vous êtes vraiment ! Alors que moi J'avais confiance d'avoir trouvé un cerveau fidèle et sage, qu'ai-je vu ? Des intimités sans amour et malignes, une folie misérable et des projets tels qu'on aurait pu rêver dans une maison de fous ! »

"Mais, mon oncle, écoutez seulement", ai-je essayé de dire, et aussitôt l'idée m'est venue à l'esprit, que j'ai ensuite trouvée vraie, que soit Henneleinlein lui avait trahi hier, soit à ses commérages, sa gouvernante, tout elle avait entendu au Forest Lodge. Il ne m'a pas permis de parler jusqu'au bout, mais il a continué à gronder et à se plaindre, et il est intervenu encore et encore, même lorsque j'ai finalement trouvé les mots et lui ai fait comprendre que nous lui avions caché notre objectif. fin mais pour le sauver du deuil aussi longtemps que nous le pouvons ; et même s'il pouvait être en colère contre nous, il devait néanmoins admettre que jusqu'ici nous avions toujours été des jeunes filles modestes et convenables ; mais maintenant, alors qu'il s'agissait de vie et de liberté pour ceux qui étaient les plus proches et les plus chers de nos cœurs….

Ici, il éclata d'un rire méprisant et s'écria que lui, de son côté, ne pouvait vraiment espérer être compté parmi ces quelques élus. Il savait très bien que lorsque nous lui rendions un service samaritain, cela n'avait d'autre but que de tirer de sa bourse l'argent nécessaire pour racheter mes frères et l'amant d'Ann. Chaque parole aimable avait été de purs mensonges et faussetés ; oui, et pire encore que nous deux, il y avait cette sorcière rusée dans la forêt et le vieil épouvantail qui se vantait d'avoir été pour moi une mère. Jusqu'ici j'avais supporté ses injures avec patience, mais maintenant c'en était trop pour le sang brûlant des Schoppers ; Je ne pus me retenir plus longtemps, et éclatai en grande colère et en reproches pour une si vile accusation. Si son âge et ses infirmités n'avaient pas réclamé notre compassion, j'aurais, dis-je, après un si mauvais traitement, désirer qu'Anne ne franchisse plus jamais le seuil d'un homme qui pourrait si cruellement nous diffamer, et ces deux bonnes femmes à qui nous devons tant.

J'ai parlé très fort, hors de moi de rage et le visage illuminé ; et ce n'est que lorsque j'ai remarqué que mon oncle me regardait comme s'il s'agissait d'une merveille que je me suis rétabli et que je me suis tout d'un coup tenu silencieux, dans la mesure où la pensée m'a traversé l'esprit que je reniais mon frère tout comme Pierre avait renié le Seigneur. , certes, non pas par peur de l'homme, mais en cédant à mon orgueil colérique. Cependant, à peine avais-je arrêté que le vieillard sévère cria dans une supplication pitoyable.

"Non, Margery, au nom des saints, je vous en prie ! Vous ne ferez pas d'Ann mon ennemie. Comme vous pouvez avoir le cœur dur et comme vous êtes en colère contre un vieil homme malade à mourir au bord de la tombe ! - quoi est-ce vraiment ce qui a fait monter sur ma langue ces paroles amères, mais ce sont mes soucis et mes craintes pour vous, qui êtes en vérité et même mon seul réconfort et tout ce que j'ai à aimer sur terre ? Et maintenant, quand je dis encore : je ne veux pas permettez-vous de partir. Je sacrifierai tout, tout pour vous empêcher de courir vers une mort certaine, menacerez-vous même alors de me laisser seul dans ma misère, et de tromper Ann pour qu'elle m'abandonne également ?

Sur ce, je lui parlai honnêtement et avec autant d'amour que je pouvais en vérité, et j'ai promis sur ma parole qu'Ann ne mettrait pas les pieds hors des portes de la ville, sinon monseigneur le cardinal y serait entré et lui aurait donné le réconfort de sa bénédiction. Et puis il se sentit mieux et, de son plein gré, il me rappela sa promesse de payer une certaine somme pour la rançon de Herdegen ; et tout cela, il me le dit avec beaucoup d'amour et mon cœur déborda d'une véritable et fervente gratitude, de sorte que je pris sa main maigre et la baisa. Cependant, il ne savait pas encore quelle grosse somme il lui fallait : et tandis que j'étais sur le point de préparer son esprit au pire, Ann entra dans la chambre, et dès que mon grand-oncle la vit, il s'écria de bonne humeur : « Dieu merci, douce jeune fille, tout est à nouveau en paix entre nous. Vous renoncez à votre projet insensé, et je… je paierai la rançon. » Alors Ann s'est précipitée à ses côtés et l'a remercié, les yeux débordants, et peu à peu nous l'avons entraîné jusqu'à ce qu'il s'écrie : « Eh bien, eh bien, les enfants, ils ne peuvent sûrement pas fixer le prix d'un royaume sur ce jeune scapegrace de Schopper. tête!"

donc courage et lui raconta qu'Ursula avait, par sa profonde méchanceté, déclaré que Herdegen était l'un des jeunes les plus riches d'Allemagne et que, pour cette raison, le sultan avait exigé le grand prix de vingt-quatre mille sequins.

La vérité était éclatée ; Je constatai avec émerveillement que mon grand-oncle n'était pas consterné alors que j'avais regardé pour le voir ; non, mais il rit tout haut et dit : « Ce serait en effet quelque peu nouveau et étrange ! Vous les enfants, vous vous creuseriez toujours la tête sur les poètes italiens plutôt que sur vos affaires et celles des miennes, bien que ce soit l'axe sur lequel tourne le monde. Il n'y aurait, en vérité, aucune justice pour une si grande somme, si, sur les marchés égyptiens, à Venise, on ne compte les paillettes qu'avec les Francs ; près de treize de leurs dirhems vont au sequin d'or, et ainsi nous avons… permettez-moi de compter, le vieux négociant n'a pas oublié son habileté sur son lit de malade, que nous avons mille huit cent quarante-six sequins, et c'est une vaste rançon encore telle qu'on ne la paie jamais que pour les seigneurs du plus haut degré. Vingt-quatre mille paillettes ! » Et encore une fois , il éclata de rire. " C'est facile à dire, les enfants, mais vous ne pouvez même pas deviner ce que cela signifierait. Croyez-moi quand je vous dis que bien des marchands aisés de Nuremberg, qui sont à la tête d'un beau commerce, seraient à leur tête. " ce n'est pas la fin s'il voulait payer la moitié de vos vingt-quatre mille sequins en pièces sonnantes et trébuchantes ! »

Alors j'ai repris ma parabole et je lui ai raconté comment Eppelein avait gravé la somme dans son esprit, et qu'il avait certainement raison, tant sur la somme que sur les paillettes de Venise, en ce qui concerne ce Herdegen , pour finir par il le savait peut-être bien, il lui avait dit qu'il fallait des ducats comme il en avait trois dans un emballage d'étoffe rouge, et Kunz et moi aussi chacun deux, dans nos tirelires en guise de cadeaux de baptême.

Pendant que je parlais ainsi, le vieillard était profondément troublé, et son visage blanc de cire pâlissait à chaque mot. Il se releva, s'appuyant sur les accoudoirs du grand fauteuil, si hauts que nous en fûmes saisis d'étonnement, et il regarda autour de lui de ses yeux vitreux et dit ensuite, se tenant toujours debout : "Ça, ça… Et hier, hier seulement… Le captif lui-même… Vingt mille sequins, dites-vous ?… et moi… oh, quelles étaient mes paroles ?… Mais quel vieil Im Hoff promet qu'il fera… Et pourtant… Si vous, les servantes, n'auriez été que des enfants dévoués, si seulement vous étiez venues à moi d'abord, comme des filles confiantes… Hier encore, je pourrais… Oui, peut-être que je pourrais… » Et puis il s'emporta : "Mais qui est vraiment là pour prendre soin de moi ? Qui s'est jamais approché de moi avec un véritable amour et une honnête confiance ? Pas un, non, pas un !… Ursula - le garçon qui, depuis son enfance - et vous — vous deux, qu'avez-vous fait ?… . Hier, hier seulement !… . Mais aujourd'hui…. Vingt mille quatre-vingts sequins ! Ses bras lui manquèrent brusquement, et il tomba en arrière dans un profond évanouissement, son visage incolore tombant sur son épaule. Or, tandis que nous faisions tout ce qui était en notre pouvoir pour le ranimer, et qu'un serviteur courait vers la sangsue et un autre vers le frère, il me semblait que le côté gauche du vieil homme était étrangement raide et engourdi ; pourtant la faible flamme de sa faible vie brûlait toujours.

Cependant, lorsque maître Ulsenius eut saigné, le vieillard ouvrit l'œil droit ; et quand bientôt il put dire : « Livre », puis encore « Livre », nous perçevâmes par divers signes que ce dont il avait envie était de l'eau, et qu'il prononçait un mot pour un autre. Et ce fut ainsi jusqu'à ce que son confesseur en chef, maître Léonard Derrer , le révérend prieur des Dominicains, vienne avec le sacristain pour lui administrer l'extrême-onction. Mais maintenant, lorsque le révérend Père s'approcha du mourant avec le Corps du Seigneur, il y eut un spectacle si terrible et si douloureux que je ne pourrai jamais l'oublier jusqu'à mes derniers jours. Au lieu de recevoir ce Saint-Sacrement en toute humilité et reconnaissance, mon grand-oncle repoussa monseigneur Prior, un vieillard à barbe blanche , d'une présence vénérable et imposante, avec une grande fureur et une rage incontrôlée, se jetant contre lui avec des paroles étrangement mêlées, qui certes, il voulait dire pour les autres, mais avec une voix et un air qui montraient clairement qu'il n'aurait rien de ce Messager de la Grâce. Et de temps en temps , il tournait vers Ann cet œil dont il pouvait se servir, et bien qu'il prononçait un mot pour un autre, il faisait plusieurs fois le tour de répéter le nom du cardinal avec des enchères impatientes, de sorte qu'il n'était pas difficile de comprendre sa signification et son message. intention de recevoir le Viatique de nul autre que ce haut prélat.

Cependant, cela ne nous semblait rien de moins qu'une trahison envers le mourant que d'interpréter cela à monseigneur Prior, d'autant plus que mon grand-oncle nous avait, maintenant, témoigné tant de faveurs. En effet, nous étions poussés à lui témoigner toute la bonté aimante. Ann lui tenait la main dans la sienne et lui murmurait encore et encore qu'il devait prendre patience et que Son Éminence était déjà en route et qu'elle serait bientôt là. Le révérend Prieur fit en effet preuve d'une véritable patience chrétienne, pensant que l'âme qui partait était plus profondément troublée qu'elle ne l'était en réalité. Il ne prêta pas attention aux menaces et aux luttes du vieil homme, mais resta silencieux à son poste, et lorsque la main du vieux baron tomba sans vie de la poigne d'Ann , il nous renvoya hors de la chambre.

On entendait par la porte la voix du bon prêtre en prière et en bénédiction, prononçant l'absolution sur le mourant, et parfois le ton courroucé de mon grand-oncle, faible certes, mais terrible à entendre. Chaque fois qu'il intervenait sur les paroles pieuses du Prieur, nous frémissions, et quand enfin le curé sonnait sa petite cloche, une grande terreur nous envahissait, alors que cette ordonnance a coutume d'apporter du réconfort et de l'édification à l'âme.

Nous étions à genoux depuis longtemps, priant avec ferveur pour cette âme malheureuse et en péril , lorsque la porte s'ouvrit, et monseigneur Prior déclara d'une voix forte que le noble baron et le chevalier Sebald Im Hoff avait bien fini après avoir reçu le très saint sacrement.

Alors pensais-je, une bonne fin peut-être, par la grâce du Christ et de la Vierge, mais une fin paisible, hélas ! en aucun cas. Et cela se voyait même sur le visage du mort. Plus tard, chaque fois que j'ai eu à contempler le visage des morts, j'ai toujours perçu que la mort leur avait donné un aspect de calme paisible, de sorte que le dicton des gens ordinaires selon lequel l'Ange de la Mort les avait embrassés est devenu bon ajustement ; mais le visage de mon grand-oncle était comme celui d'un homme dont la dignité est brisée par un plus puissant que lui, et qui l'a subi dans une rébellion silencieuse et sombre.

De toutes nos forces et de toutes nos âmes, nous avons prié pour lui encore et encore ; cependant, comme cela doit toujours arriver, d'autres soucis se sont précipités pour engloutir celui-là. Dès que la nouvelle de la mort du vieux noble se répandit, ceux qui l'avaient connu de son vivant affluèrent, et des messagers du conseil municipal, des notaires avec de la cire à cacheter et des sceaux, des prêtres pour l'enterrement, des voisins et d'autres. bonnes gens, et parmi eux beaucoup de frères et de moniales. Enfin vint le docteur Holzschuher du conseil, notaire de mon grand-oncle et l'un des amis les plus fidèles de notre propre père, en tous points un homme d'une telle valeur et d'une telle honnêteté qu'aucune parole ne lui sied mieux que celle du cardinal : qu'il lui rappelait d'un chêne des forêts allemandes.

Quand maintenant cet homme, qui dans sa jeunesse avait été l'un des plus gentils de Nuremberg, et qui avait encore un aspect noble avec ses longs cheveux gris argentés tombés sur ses épaules, quand maintenant il nous saluait d'un air presque sombre, nous autres servantes, , et sans signe ni signe de tête amical, nous savions immédiatement qu'il devait avoir de grandes et bien fondées craintes à l'égard de nos préoccupations. Oui, et c'était ainsi.

Bientôt, après avoir eu un discours sérieux avec le grand trésorier et les autres principaux membres du conseil, il nous appela, la cousine Maud et moi, et nous dit que la dernière affaire du vieux Im Hoff était telle, à ce qu'il semblait, qu'elle enlevait de nous espérons tous que notre héritage nous aidera à payer la rançon d' Herdegen . Et le lendemain, son testament serait ouvert et lu et nous apprendrions ainsi de quelle manière ce vieil homme avait pris soin de ceux qui lui étaient les plus proches et les plus chers.

Nous n'avions alors d'autre choix que d'enterrer bien des espoirs dans la tombe ; et malgré cela, nous pourrions n'avoir aucune rancune envers les défunts ; car même s'il s'était soucié d'abord et principalement du salut de sa propre âme pécheresse, il avait néanmoins pensé à subvenir aux besoins de mes frères et également à Ann et à tenir l'engagement qu'il avait pris. Jamais de toute sa vie — et cela était avoué même par ses ennemis, qui étaient nombreux — il n'avait manqué à sa parole, et il ressortait clairement de toutes ses instructions que la véritable cause du coup mortel qui l'avait tué C'était la soudaine certitude que, par son propre acte, il s'était privé du pouvoir de racheter Herdegen en payant la rançon comme il l'avait promis.

Et voici la volonté de mon oncle :

Lorsqu'il eut appris par Ann que monseigneur le cardinal avait l'intention de hâter son retour et de lui donner l'extrême-onction, et qu'il eut également appris que ce haut prélat prenait une grande joie dans sa liberté de traiter avec le trésor papal pour l'aumône, il lui avaient convié, le soir même, le docteur Holzschuher , son notaire et certains témoins assermentés, et avaient annulé en toute bonne et due forme son ancien testament, et dans un beau nouveau avait composé sa succession comme suit :

Ursula Tetzel devait recevoir les cinq mille florins qu'il lui avait promis lorsqu'il avait involontairement tué le jeune Tetzel.

Il légua à Kunz le grand commerce de Nuremberg et de Venise, avec tout ce qui s'y rapportait et certaines sommes d'argent en capital pour le faire fonctionner ; de même sa belle maison d'habitation, dans la mesure où Herdegen voudrait avoir notre maison pour sienne. Et Kunz serait tenu d'exercer ledit commerce de la même manière que mon grand-oncle l'avait fait de son vivant, et de reverser les deux tiers des bénéfices à Herdegen et Ann ; et que ces deux-là se marient était le souhait le plus cher de sa vieillesse. Pas un sou ne devait être retiré du capital monétaire pendant vingt ans, et cela était expressément enregistré ; le commerce ne pouvait pas non plus être vendu ou cesser d'être exercé. Si Kunz devait mourir dans cet espace, il chargeait alors le chef du bureau de la maison de gérer les affaires sous le même engagement. Et si et quand Kunz devait se marier, alors il ne devrait payer que la moitié des bénéfices à son frère au lieu des deux tiers.

Le fils aîné de Herdegen et Ann devait devenir le prochain héritier de l'entreprise ; mais si ce mariage échouait , ou s'ils n'avaient pas de descendance masculine, alors le gendre de Herdegen , ou mon fils, ou celui de Kunz.

De même , il croyait avoir pris de bonnes dispositions pour l'entretien du jeune couple, dans la mesure où, même s'il était difficile d'espérer que Herdegen puisse prendre la direction de la maison de commerce, sa propre fortune n'était pas assez grande pour assurer à Ann une vie si libre de fardeaux et en tous points aussi facile qu'il le désirait pour elle et qu'il convenait à la maîtresse d'une si ancienne famille de Nuremberg.

Ses domaines fonciers, il les avait en grande partie attribués à la sainte Église, et le reste, en parts égales, à Herdegen et à moi.

Il avait mis de côté trois mille florins qu'il avait prêtés au couvent de Vierzehnheiligen et dont il pouvait à tout moment exiger le remboursement pour racheter Herdegen et payer son retour.

De ses biens en monnaie forte, trois mille florins étaient pour la part de Herdegen , et mille chacun pour Ann et moi comme cadeau de mariée, et il avait prévu de belles sommes d'argent pour les hôpitaux et les pauvres de la ville, ainsi que pour les servants. les gens et les serviteurs de la maison.

Mais alors où était le grand trésor presque royal dont le vieil Im Hoff était en possession il n'y a pas si longtemps ? de sorte qu'au temps de la Diète il avait déboursé en monnaie forte trente mille ducats hongrois pour s'acheter un titre de baron ? Maître Holzschuher pourrait nous le dire assez bien . Lorsque ce vieil homme avait dit un jour à Ann qu'elle avait peine à croire à quel point un commerce bien dirigé avec Venise pourrait rapporter de grands profits en quelques années, il ne parla pas sans livre. Après avoir doté, de son vivant, de nombreuses églises et couvents de Franconie, avec une générosité véritablement seigneuriale, et avoir pourvu à des messes pour son âme et à d'autres offices pieux, il lui restait encore une somme de quarante-quatre mille ducats hongrois à disposer. Et ces sommes, malgré les supplications de maître Holzschuher pour qu'il céderait au moins la moitié de ces vastes possessions à sa propre ville et à ses proches parents, il les avait léguées aux coffres d'aumônes de Sa Sainteté le Pape, pour qu'il en soit traité au gré de Son Éminence le cardinal Bernliardi , à cette seule condition : que chaque année, le jour de sa fête, la messe soit dite par quelque haut prélat pour son âme misérable, qui avait tant besoin de tant de grâce. Il avait en outre prévu que l'acte, dûment attesté par le notaire et les témoins, serait envoyé le lendemain à Rome par un messager spécialement désigné ; c'était donc depuis longtemps loin et hors de portée que mon grand-oncle apprit que tous ses biens restants n'étaient pas suffisants pour libérer Herdegen . Et cela, comme je l'ai déjà dit, pesait lourdement sur son âme.

En vérité, les prières ferventes pour son âme ne manquent pas de notre part ; et plus tard, quand je sus combien de malheureux son testament avait apporté une bénédiction, je pardonnai peu à peu cet étrange don de sa richesse, et pus prononcer sur sa tombe un clair « Requiescat en rythme ! Qu'il repose en paix!

Lorsque nous eûmes dûment pesé et calculé avec Maître Holzschuher ce que nous avions effectivement hérité de notre riche parent, et combien nous pourrions bientôt espérer percevoir par nous-mêmes et par la cousine Maud, nous avions sous les yeux, par écrit, clairement qu'un une grande partie de la rançon manquait encore. Le métier de l' Im Hoffs « devait être sûr d'une grande valeur monétaire ; mais par la volonté de mon grand-oncle, nous pourrions ne pas y toucher avant vingt ans. De même, maître Holzschuher nous a montré par de nombreux exemples combien il serait erroné, et surtout à cette époque, de vendre des propriétés foncières à n'importe quel prix, c'est-à-dire au tiers environ de leur valeur réelle. Et enfin il nous dit que les tuteurs de la chancellerie n'avaient pas à l'heure actuelle le droit de payer un sou de l'héritage de notre père. Nous avions donc le cœur lourd, tandis que le docteur Holzschuher discutait à voix basse avec l'oncle Christian et maître Pernhart et notait certaines choses sur papier.

Alors ces messieurs se sont levés ; et tandis que je regardais le digne notaire , il me semblait que c'était comme de l'herbe desséchée bien arrosée de pluie ; et une joyeuse assurance rayonnait sur moi de ses traits bons et nobles. Et j'ai lu la même promesse dans les regards de l'oncle Christian et de maître Pernhart , et là où trois de ces hommes menaient la mêlée, je pensais que la victoire était certaine.

Et maintenant, on nous a dit quel était le sujet de leur discours. S'ils pouvaient trouver un envoyé approprié, ils pourraient peut-être convaincre le sultan de renoncer à une partie de la rançon ; mais ils garderaient à l'esprit le montant total de la somme. Il ne nous était en effet pas permis de vendre une grande partie de nos biens, mais nous pouvions cependant les emprunter ou les mettre en gage, et le bon sentiment de nos amis et de nos concitoyens nous aiderait, à coup sûr, à acquérir le reste. Non, et je pensais que ces messieurs avaient un but secret ; mais comme ils ne nous disaient rien de leur plein gré, nous avons pris soin de ne poser aucune question. Alors que nous prenions congé, ils nous supplièrent de retarder notre départ et de leur permettre d'être libres de faire ce qu'ils voulaient. Et nous étions obligés de céder, même si le sang des Schoppers bouillait à l'idée que je devais rester ici sans rien faire, et que d'autres se promenaient pour ainsi dire avec le bâton des mendiants, en notre nom et pour l'amour d'un fils de notre maison qui n'avait fait de bien à personne. Cependant, je savais très bien que l'orgueil et le défi n'étaient désormais plus de mise ; et tandis que je rentrais chez moi avec Ann et ma cousine Maud, ma cousine m'a demandé tout à coup : si Lorenz Stromer était dans la situation critique de Herdegen , ne céderais-je pas volontiers ma succession ; et quand j'ai dit oui, elle a dit : "Alors tout va bien." Et dans la mesure où elle était du même avis, elle pouvait, sans hésitation, permettre à ces messieurs de demander de porte en porte au nom d'Herdegen et au sien propre. Notre rôle était seulement de montrer que nous, en tant que ses proches, étions les premiers à donner. Et ce même jour, Ann apporta tout ce qu'elle possédait en or et en bijoux, même à son baptême des pièces de monnaie qu'elle avait gardées dans sa tirelire, et parmi elles également une précieuse croix de diamants que Monseigneur le Cardinal lui avait offerte il y a quelques mois. .

Ce soir-là encore, alors que le crépuscule tombait, Ann frappa de nouveau à notre porte, et la raison de sa venue était en vérité triste : son grand-oncle, le vieil Adam Heyden l'organiste, notre ami de la tour, sentit que sa dernière heure était proche et nous a demandé d'aller le voir. Ainsi arriva-t-il que, deux jours plus tard, nous devions nous trouver près d'un lit de mort. Sur chacun d'eux gisait un vieil homme qui partait vers l'autre monde, et il me semblait que leurs fins étaient si rapprochées qu'elles pouvaient donner avertissement et méditation à nos jeunes âmes. Maintenant, alors que je montais péniblement l'escalier raide de la tourelle, après avoir gravi hier les marches emmêlées de la riche maison de l' Im Hoffs , il me semblait que la vie des deux hommes avait été semblable à ces escaliers, et, si jeune que j'étais, je pouvais néanmoins me dire que l'escalier raide du plus humble, qu'il ne pouvait monter ces derniers temps sans beaucoup haleter, conduisait à un demeure plus haute et plus lumineuse que les larges marches du palais du riche marchand.

Cependant, après avoir fermé les yeux de ce bon vieillard, je ne me permettais pas de penser ainsi des deux, parce que je ne pouvais supporter de gâcher le souvenir de cet autre, à qui, après tout, nous devions beaucoup de remerciements. .

Le vieil organiste avait reçu à midi le Saint-Sacrement des mains de son vieil ami Nikolas Laister , vicaire de Saint -Sebald . Il ne voulait que personne pour le voir, à part nous et Hans Richter, le marguillier, un homme selon son cœur, et les Pernhart ; et d' abord il ne remarqua pas notre arrivée, car il était justement en train de donner au garçon sourd-muet un jouet qu'il avait sculpté de sa propre main, et dame Giovanna eut beaucoup de peine à emporter l'enfant, qui s'était jeté lui-même. sur le vieil homme avec un amour passionné. Tout ce qui touchait l'âme du petit, il était obligé, pour ainsi dire, de l'exprimer avec une violence irraisonnée ; et maintenant, comme l'enfant était assez turbulent au point de troubler la paix des autres, sa mère le prenait par la main pour l'emmener dans une autre chambre ; mais le mourant lui fit signe avec un regard que personne ne peut décrire, et à ce moment le petit garçon serra les dents et resta silencieux près de la porte. Sur quoi le vieil homme lui fit un signe de tête comme si l'enfant lui avait fait quelque bonté.

Puis il ferma les yeux pendant un bon moment et demanda bientôt du bon vin de Bacharach que la cousine Maud lui avait envoyé ; mais sa voix pouvait à peine être entendue. Ann lui tendit le verre et, sur un signe de sa part, elle y goûta ; puis il le but avec beaucoup de réconfort tandis que Dame Giovanna le tenait assis. Le vieux et doux sourire était sur ses lèvres, et comme il tenait encore le pied du verre d'une main tremblante et souffrait que je l'aide, il s'écria d'une voix claire : « Une fois de plus, Prosit , Elsie ! J'ai attendu assez longtemps là-haut votre vieux. Et Prosit , de même, dans ma chère vieille maison, la belle ville de Nuremberg. Puis il reprit son souffle et ajouta selon son habitude : " Prosit , Adam ! Merci, Heyden ! " Et j'ai vidé jusqu'au fond la tasse que je lui avais inclinée. Puis, quand il se recula et regarda devant lui en silence, je retrouvai la parole et remarquai, même si cela me parut en vérité quelque peu étrange, qu'il avait alors à l'esprit notre bonne ville, en buvant son ancien serment. Là-dessus, il hocha gentiment la tête et ajouta, avec un regard interrogateur au marguillier : « C'est à juste titre le devoir de tout vrai chrétien de prier pour toute l'humanité ! Eh bien, eh bien, mais ils sont si nombreux, si infinis ; et moi, comme Tout autre homme a son propre petit monde, à l'intérieur du grand monde, pour ainsi dire, et c'est ma chère vieille et fidèle ville de Nuremberg. Je ne suis jamais sorti de son enceinte, et il contient tout ce qui est cher et précieux sur terre. pour moi. Pour moi, les citoyens de Nuremberg représentent toute l'humanité, et notre ville et, autant que l'œil peut voir depuis cette tour, tout mon monde, aussi petit soit-il. Je pourrais jamais trouver quelque bonne matière à réflexion à Nuremberg, quelque chose noble et bien compact, un bel ensemble. Je n'ai jamais cherché les limites de l'autre monde, plus grand.

Pourtant, le fait que son monde était en réalité plus vaste qu'il ne l'était, cela nous ressortait clairement de la prière qu'il murmurait dans laquelle nous pouvions entendre les noms de mes frères, même si la terre et les mers les séparaient de lui. Et après cela, pendant un moment, tout le monde resta silencieux, et il resta là à regarder le crucifix en os sur le mur ; et enfin il supplia Dame Giovanna de l'élever un peu plus haut, et il but encore un peu, et dit tout bas, tout en nous jetant un regard affectueux chacun à son tour : « J'ai regardé dans mon propre cœur et je l'ai regardé sur la Croix ! C'est notre exemple ! Et je pars avec joie — et si vous voulez savoir ce qui me rend la mort si facile, c'est que j'ai eu besoin de peu et que j'ai gardé peu pour moi ; et alors que j'avais l'habitude de donner ce que j'avais sauf les autres hommes, j'ai acquis la certitude que tout le bien que nous faisons aux autres est le mieux que nous puissions faire pour nous-mêmes. C'est ça, c'est ça!"

Et il tendit la main, et quand nous l'eûmes tous embrassée, il s'écria : « Mon Dieu, je peux maintenant dire que je te remercie ! Que peut apporter demain, toi seul peux le savoir ! Margery, Ann, mes pauvres enfants. ! Que le jour radieux de la rencontre se lève pour vous ! Que le Ciel dans sa miséricorde protège les jeunes d'outre-mer ! Ici, tout près, se trouve Maîtresse Kreutzer avec ses enfants orphelins, vous les connaissez, vous et Maître Peter, ils ont cruellement besoin d'aide. — et le bien que nous faisons aux autres. Mais approchez-vous de moi, venez tous — et les petits aussi.

Et nous sommes tombés à genoux près du lit, et il a étendu ses mains et a dit d'une voix claire : " Que le Seigneur vous bénisse et vous garde, le Seigneur lève son visage sur vous et soit miséricordieux envers vous. "

Et puis il soupira profondément, et ses mains tombèrent, et Dame Giovanna ferma les yeux.

Ouais! La mort était facile pour cette âme simple. Je n'ai jamais connu d'homme qui ait autant donné avec peu, et je n'ai jamais vu un visage plus heureux et plus paisible sur un lit de mort.

L'enterrement de mon grand-oncle était grandiose et magnifique. Tout le conseil municipal et beaucoup de nobles se joignirent au cortège funèbre. Les cloches qui sonnent et les prêtres qui chantent, les crêpes, les cierges, l'encens et tout le reste, nous en avions plus qu'assez. Il ne manquait qu'une chose, c'était les larmes, non pas celles des mercenaires qui y assistaient, mais celles qui tombent en silence d'un œil triste.

Dans le Je Dans la grande maison de Hoffs , tout fut silence jusqu'à ce que l'enterrement soit terminé ; dans la tour, où dormait le vieil Adam Heyden , les cloches sonnaient comme chaque jour, pour les mariages et les baptêmes, pour la messe et le deuil ; cependant, près de la porte basse qui menait à l'étroit escalier de la tourelle, j'aperçus une foule de petits garçons et de servantes avec leurs mères ; et même si les feuilles n'étaient plus sur les arbres et que les dernières fleurs étaient mortes de froid, beaucoup d'enfants avaient trouvé une brindille verte ou portaient un petit bouquet de fleurs éternelles dans sa petite main pour le déposer sur la bière de ce bon vieil ami. C'était tout ce que le sacristain pouvait faire pour éloigner les multitudes qui voulaient à nouveau le regarder en face ; et lorsqu'il fut transporté au cimetière, à peine deux heures après mon grand-oncle, il y eut en effet une merveilleuse foule. La neige tombait rapidement dans les rues, et les braves gens qui l'avaient accompagné jusqu'à la tombe se réchauffaient bientôt chez eux après l'enterrement du vieil Im Hoff. Mais derrière le cercueil d'Adam Heyden arrivaient de nombreuses personnes honnêtes et respectées, et une foule, s'étendant au loin, de ceux qui pouvaient sentir le vent froid siffler à travers les trous de leurs manches et autour de leurs têtes nues. Et parmi eux, bien des femmes sans le sou qui s'essuyaient les yeux avec leur fichu ou avec la main, et bien des enfants de veuves qui resserraient leur petite ceinture en voyant celui qui leur avait si souvent donné un repas porté au tombeau.

SIGNETS DE L'ÉDITEUR ETEXT :

Gâché leur plus belle joie de vivre par une colère trop précipitée. Les malheurs n'arrivent jamais seuls.